U0547480

所谓

依人

PEGGY

蒲佳依 / 著

北京时代华文书局

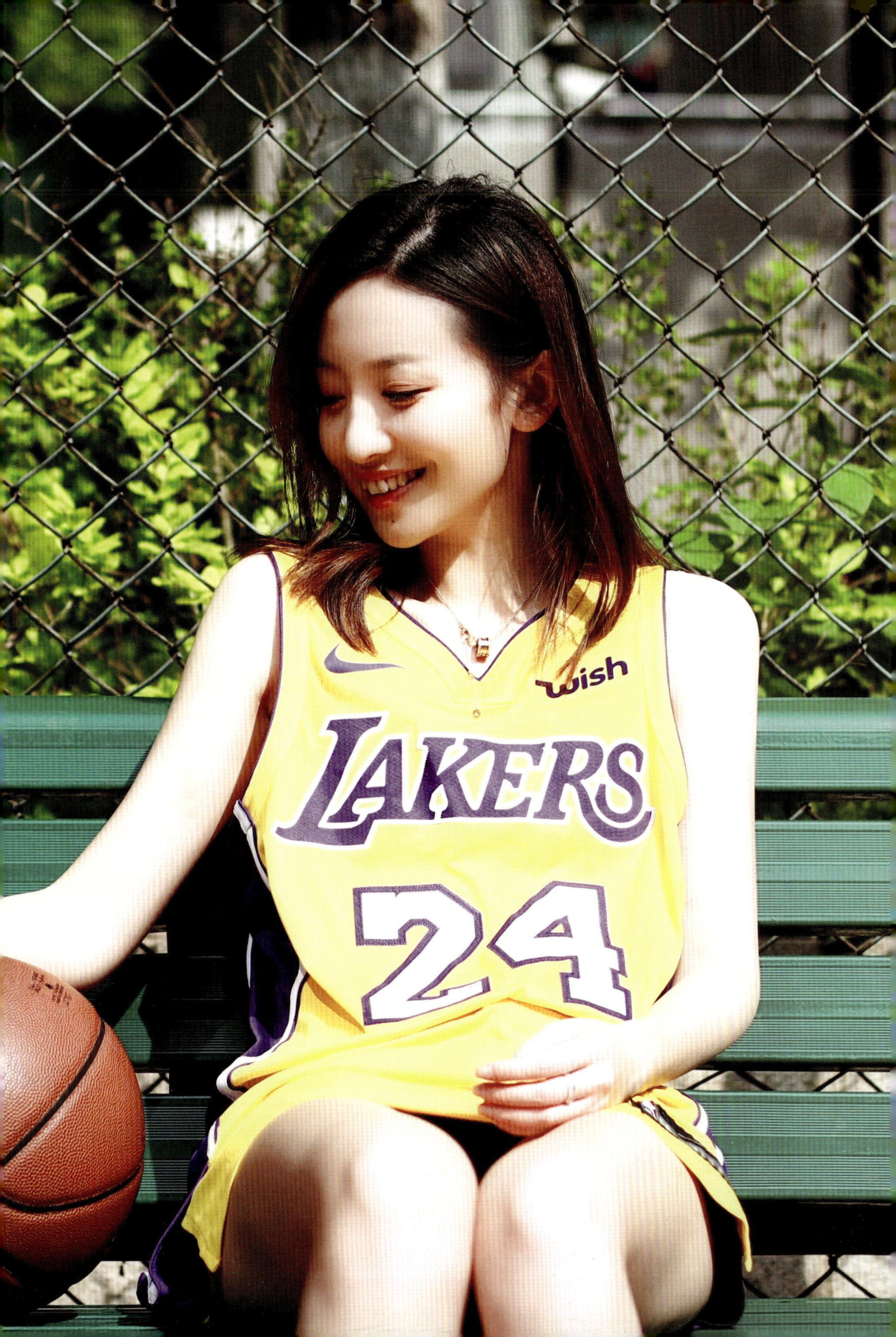
wish
LAKERS
24

我与佳依的Z种关系

文 美娜 著名主持人

推荐序

怎么形容佳依呢？远看小鸟依人，近看虎了吧唧。但是当你和她相处久了，这也是个女汉子啊。

我和佳依是同事关系。

这个人尽皆知，我们都从事着NBA（美国职业篮球联赛）主持工作，或者说是女主播的工作。佳依的业务能力是没得说，不仅颜值高，而且篮球知识信手拈来，主持风格大气、沉稳却不失调皮。在这个工作范围内，我和佳依是互相扶持地前行。

我和佳依是亲密无间的同事关系。

为什么要这样说呢？大家都知道我是詹姆斯（勒布朗·詹姆斯）的死忠粉，而佳依也是不折不扣的湖人队球迷。当詹姆斯加盟湖人队后，我俩便统一了战线。因此湖人队的比赛，成为我们两个最热衷讨论的话题。

小七是勇士队球迷，因此我和佳依经常联合起来"欺负"小七。2019—2020赛季，三旬老汉詹姆斯为湖人队带来队史第17个总冠军，那一刻，那种心情,我懂佳依,佳依也懂我。毕竟前一个赛季的湖人队连季后赛都没进,詹姆斯饱受质疑,湖人队也饱受质疑。

佳依最喜欢的球星是科比(科比·布莱恩特),也是她这本书重点写的内容,我最喜欢的球星是詹姆斯,遗憾的是他俩从未在总决赛相遇,"23PK(对决)24"的巅峰对决没能上演。

我和佳依是闺蜜。

因为工作的关系,我和她渐渐成为闺蜜。我俩熟起来是因为都很"虎",出差经常一起丢三落四,发现"虎"到一块儿去了,小七曾经在直播里说我们,一个西北狼,一个东北虎,加起来就是俩二百五,一起去健身房改成一起计划减肥保持身材,但是出门却一起管不住嘴。工作之余,我们一起吃吃逛逛,拍拍美美的照片,发个朋友圈。当然,作为一个体育主持人,运动健身是必不可少的。为了保持身材,我俩一起去健身房,相互监督,但是偶尔也有失控的时候,比如在美食面前。

我和佳依"相爱相杀"。

熟悉我们的球迷朋友会知道,我们两个一起参加了一些节目的拍摄,节目中我俩经常互怼,甚至互黑。记得有一次,节目中我和佳依做游戏,我输了,对我的惩罚居然是让佳依爆我的丑照,想到这里我牙根就痒痒。

与科比一样,佳依也是一个内心强大的人,如果用"曼巴"来形容佳依,那她就是"粉曼巴",一个漂亮的"粉曼巴",就如同佳依的优雅、知性、内敛,这也是佳依最为吸引人的地方。除了这些,在佳依的新书中,你还能读到不一样的佳依,一个多姿多彩的佳依。

"所谓伊人",仿佛从《诗经》中走出来,唯美清新、仙气十足,我想那就是佳依吧。

推荐序

一个有传承的球迷

文 / 王猛 著名篮球评论员

　　提起佳依，最被大家熟知的身份，是一名体育主持人，一名NBA主播。台前光鲜靓丽，无论是外形颜值还是篮球专业知识，她都是佼佼者。佳依古灵精怪，幽默风趣，体现出一种朝气蓬勃的感觉，她家三代球迷，分别是她姥姥、她爸爸和她。除此之外，佳依出身科班，毕业于中国传媒大学（以下简称"传媒大学"），这所大学培养出来的人才我就不列举了。

　　但是，我今天要给大家讲一个关于传承的故事。

　　我从事篮球媒体工作，已经有20余年。我做过报纸编辑，做过驻美记者，如今是篮球评论员、主持人，我20多年来一直和篮球打交道，深爱这项运动。因此我让我的孩子也去打篮球，希望他能够爱上篮球这项充满魅力的运动。我自认为，在我工作环境的影响下，我家里的篮球氛围已经足够浓烈，但是和佳依比起来那就小巫见大巫了。

　　佳依，湖人队球迷，科比的忠实粉丝。其实当佳依开始从事这项工作的时候，科比已经退役了。但是为什么佳侬会喜欢科比呢？这还要从她的家庭篮球氛围说起。

她家三代球迷，她姥姥、她爸爸和她。

先说老太太，虽然看球晚，但是却被篮球这项运动着实的迷住了。据说是因为她女婿影响了她，因此老太太也喜欢看球，而且是湖人队球迷。现如今随着佳侬的工作性质，老太太那更是对篮球，对湖人队爱不释手了。

而佳侬的父亲，那就是不折不扣的湖人队球迷，也是科比的粉丝。从小就给佳侬带来了巨大的影响，也为佳侬走上NBA主持人这条路埋下了伏笔。爱屋及乌，正是因为父亲的影响，佳侬也就喜欢上了湖人队和科比。

当佳侬跟我说起她家三代人都喜欢篮球的时候，我是很吃惊的，但是又很羡慕，这是一个怎样其乐融融的画面。三代人守在电视机面前，为自己喜爱的球队共同呐喊，为每一次精彩得分而鼓掌。

当然，能把自己喜爱的事情与工作结合在一起，佳侬真的挺幸福的。因为工作的性质，我见证了佳侬的每次进步，她跟我说，她现在写了一本书，讲述自己的故事，讲述湖人队，讲述科比，也讲述篮球的许许多多内容。

我为她取得这样的成绩感到高兴。谁不渴望出一本书呢？佳侬如今做到了，《所谓侬人》，快去了解佳侬的世界吧。

在你身上我看到了曼巴精神

文/段冉 著名篮球评论员

推荐序

体育女主播是一个吃力不讨好的职业，既要具备专业主持的基本素养，又要掌握一定的体育知识。她们长得太漂亮了很容易被打上花瓶的标签，长相普通又要被网友们吐槽；懂球的没有太多表达展示的机会，不太懂球的话又要承受球迷的攻击。

作为同行前辈，我能理解她们遭遇的考验和压力，我也很佩服这些年轻的姑娘们。熟悉我们的观众应该都知道，我们的女主播绝大部分都是从传媒大学的学生中选拔而出的，她们的专业素养都很过硬，最终能留下的都是对篮球、对NBA有一定了解的复合型人才，我对佳依的第一印象也是因为她说她是科比和湖人队的粉丝。

熟悉我的朋友都知道，我从2009年到2016年一直待在洛杉矶报道湖人队和快船队的新闻，虽然步行者队是我最爱的球队，但对于湖人队、对于科比，我有着特殊的情感，连带着我也对这个号称自己喜欢科比和湖人队的小姑娘有了更多的关注。

佳依刚开始给我的印象是比较大大咧咧的，虽然对于湖人队和科比有一定了解，但整体的篮球知识还是比较缺乏，所以刚开始合作时能够明显感觉到她的紧张和不自信。我们这行没有捷径，对于她们来说，想要恶补篮球知识只能多看、多听、多背、多问，牺牲自己的业余时间弥补业务上的不足。

随着合作次数的增多，我发现她的进步非常快，不用问也知道她私底下肯定没少看比赛，没少记人名、记数据。除此之外，她还有着谦虚好问的好习惯，直播时间之外，她经常向我们打听在前方工作时的见闻，了解这个行业、这个项目，我也给她讲了不少科比和湖人队其他球员的故事，希望能给她一些帮助。

眼瞅着佳依从一个懵懂的新人快速成长为业务熟练的女主播，我对她是非常佩服的，也是从她这样的年轻人身上，我感受到了自己也曾有过的对篮球的那种热情。

和很多把科比作为偶像的年轻人不同，我认为佳依不仅仅把科比是偶像当作口号，而是真的像科比一样去对待自己的生活和事业，努力、谦虚、不服输，选择了成为体育女主播，就一定要做到最好！

希望所有看到这本书的人也能像佳依一样，不是把热爱挂在嘴边，而是落实在行动上！而且佳依一家三代都是湖人队球迷，我相信这也是她选择这个行业的原因。

推荐序

『窈窕』淑女

文＝王小七　著名主持人

佳依是我的师妹，更是我最好的朋友之一。

其实在她来腾讯之前，我们并不认识，只是因为校友、师妹的关系，所以对她有个简单印象。原本以为我们只会是普通的同事关系，但经过两件事后，我们成了好闺蜜，好姐妹！

关于佳依，我要说的第一件事是变魔术的故事。当时比赛直播新增了"弹幕时刻"环节，就是让女主播表演才艺，我排得比较靠后，因为唱歌、跳舞这些节目前面的主播们都选过了，我决定给大家表演一个魔术。其实我准备的魔术非常简单，大家一眼就能看出来，但因为我用喜剧的方式呈现，所以效果非常不错。

待到佳依加入之后，直播导演让她多看之前的节目，如果没有创意，可以和我学习给大家变个魔术。这个单纯的姑娘回去就开始准备表演魔术，买了各种道具，看了很多教学视频，可以说精心准备了很长时间，结果她的魔术因为有明火，险些酿成大祸，遭到了导演的严肃批评。

虽然佳依被导演批评了，但当时我就觉得她单纯得可爱，虽然有点"傻傻的"，但她真的很努力、很勤奋，希望能用自己的付出赢得大家的肯定。正是因为这样的性格帮助她在工作中快速进步，很快佳依就在直播中站稳脚跟，赢得了同事、观众的肯定。

第二件事起因是我对不熟悉的人不太爱说话，所以很多人开始觉得我不好接触，我们领导可能觉得我有点不喜欢佳依，所以私下让我多带带她，不要不喜欢她。我当时一度对佳依产生了误解，认为是她去给我打了小报告。

一次我们一起出差，聊到了这个话题，把话说开之后发现一切都是一场误会。正好那次我们一起去鬼屋玩，胆子也不大的佳依一路保护着胆子更小的我，这次鬼屋之行让我们彻底放下防备，成为无话不聊的好姐妹。

生活中的佳依大大咧咧，没心没肺，爱忘事还时不时冒傻气，非常需要别人的照顾；可对待我们这些好姐妹，她却不想着自己，经常想着照顾我们，有时候我还真有点为她担忧，希望她能早点遇到那个真命天子！

趁着这个机会和大家聊了聊我心中的佳依妹妹，希望所有拿到这本书的人都能继续支持她、爱护她。

感谢篮球让我和佳依相遇，希望我们的友情可以一直延续下去！

推荐序
让打脸来得更猛烈些

文 柯凡　著名篮球评论员

之前从没想到佳依居然能写书，更没想到她竟会找我写序！可我又一琢磨，以佳依的性格，没有什么是她不敢干的，而作为她刚入行时并不看好她的业内前辈，我也应该为佳依写点什么，因为她狠狠地"打"了我的脸！

当初去传媒大学面试学生时我对佳依的印象并不深，可因为她几次拒接我打给她通知参加复试的电话，让我对她的第一印象并不算好。考虑到主持水平和对篮球知识的了解等多方面因素，佳依最终脱颖而出，可我当时对这个大大咧咧的姑娘并不看好，主播是一个不能出错的工作，佳依却让我有一种时刻要为她担心的感觉。

篮球女主播不是一项简单的工作，虽然直播导演会在幕后协助，但如何和球迷互动，如何和主持、嘉宾配合，并不是短时间就能掌握好的，再加上每个环节都需要一定的篮球知识储备,想要做好一场直播需要做很多准备工作,在和佳依最初的几次合作中,她的表现让我觉得我的直觉是对的,因此我对待她的态度不算太好,她对这也有察觉,私下里似乎有些怕我。

随着时间推移,我发现佳依在直播之外总是忙忙碌碌,边记边背的同时还经常和身边的同事请教,即使面对我,她虽然害怕,却也会主动问我一些她不了解的知识和不知道的问题。看到她一点一点地进步,我既开心又后悔,开心的当然是遇到了一位积极向上、踏实肯学的年轻后辈,后悔的是居然因为第一印象不好差点害了一个初入职场的年轻人。

眼瞅着佳依的进步,我决定跟她聊聊。那次直播结束后的交流虽然时间不长,但我把我的全部想法告诉了她,从最初的不看好到后来的被"打脸",我非常开心能够亲眼见证佳依的进步,我也相信她已经成长为一名优秀的体育女主播!

在这里我要祝福佳依,希望你能像你的偶像科比一样,永远保持那种积极向上,永不服输的精神,属于你的舞台才刚刚开始,未来你一定会有更大的成绩。

自序

所谓依人

文/蒲佳依

2021年4月1日，这一天是愚人节。

收到出版社编辑老师的邀约，让我写一本书。我的脑海中写满了问号，现在愚人节的玩笑都开得这么大了吗？

我写书？佳依写书？蒲佳依写书？开玩笑吗？和编辑沟通了半个小时之后，确定了这件事不是愚人节的恶搞游戏，也确定了书的方向和内容规划。

我想写一本书，这或许是我经历的又一次巨大挑战吧。希望我的挑战成功，能够得到所有看书的朋友的一个肯定的评价。

2020年，1月26日，真希望这一天是愚人节。

时至今日，我仍难以释怀。上帝开的玩笑太大了，而这一天并不是愚人节。信仰坍塌了，也只是一个最浅层次的感受，内心的刺痛，或许很多人感同身受。

如果不是因为科比，我或许不会成为篮球女主播、主持人。如果不是因为科比，我或许早就半途而废，弃艺从工了。如果不是因为科比，我何德何能获得很多粉丝的喜爱？

我想我的书，不能少了科比的内容。他是我的动力，也是我的精神支撑。

2017年，7月6日，人生的第一次。

这是我第一次站在演播室，我紧张得不能控制。我说出的每句话，给我大脑的反馈，仿佛都是语无伦次。那一天我成为真正的NBA主播，或者也可以说是主持人。

今后的人生中，我一次又一次地重复着这一天的工作。但是再也没有这一天的感觉了，当时的脑子甚至有点缺氧。我想，这就是一个人最为窒息的紧张感。

也就是从这一天开始，我的人生轨迹发生了巨大的改变，我的爱好和我的工作，我的家人的爱好和我的工作，全部结合在了一起。这是一件多么让人幸福的事情，从这一天起，我决定，路漫漫其修远兮，吾将上下而求索。我坚信努力终究会得到回报。

1996年，4月17日，这一天我出生。

是我的爸爸妈妈，将我带到这个世界。他们一直是我身边最安全的港湾，陪伴着我度过每一个春夏秋冬，带我体验着酸甜苦辣。谢谢你们！

其实时间的飞逝，我们任何一个人都无法阻碍，我们只能在时光过去的过程中，慢慢成长，慢慢历练，慢慢充实自己。无忧无虑的童年，进入校园的欣喜，迈入社会的闯荡之心，每一个过程，也是征程。

所谓依人，这是书的名字。而书中，也恰是写的家人、生活、工作、科比与篮球。希望整本书，你能喜欢。了解一个真正的佳依，也希望用书中的文字，让每一个看书的你有所收获。

所谓伊人，在水一方。

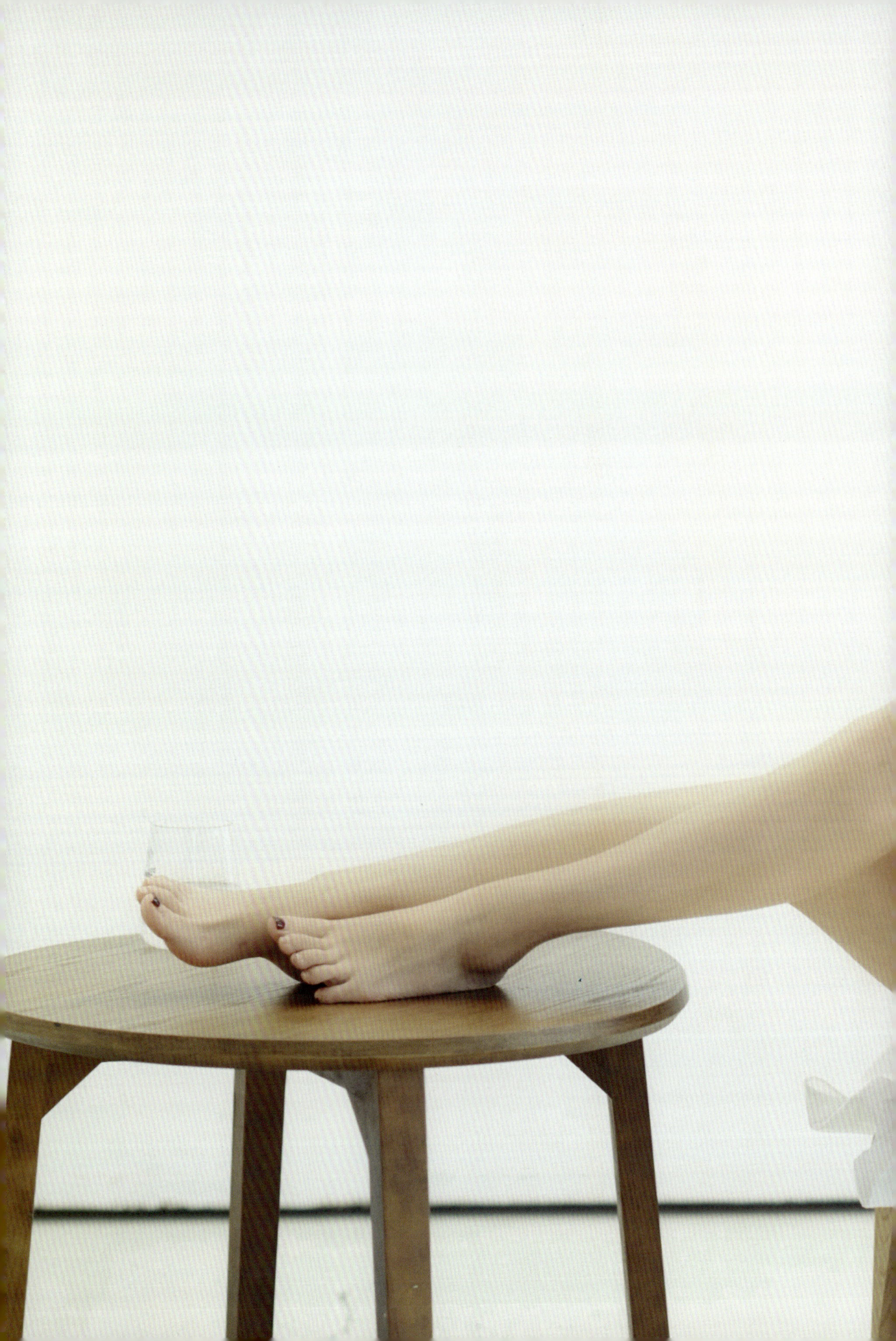

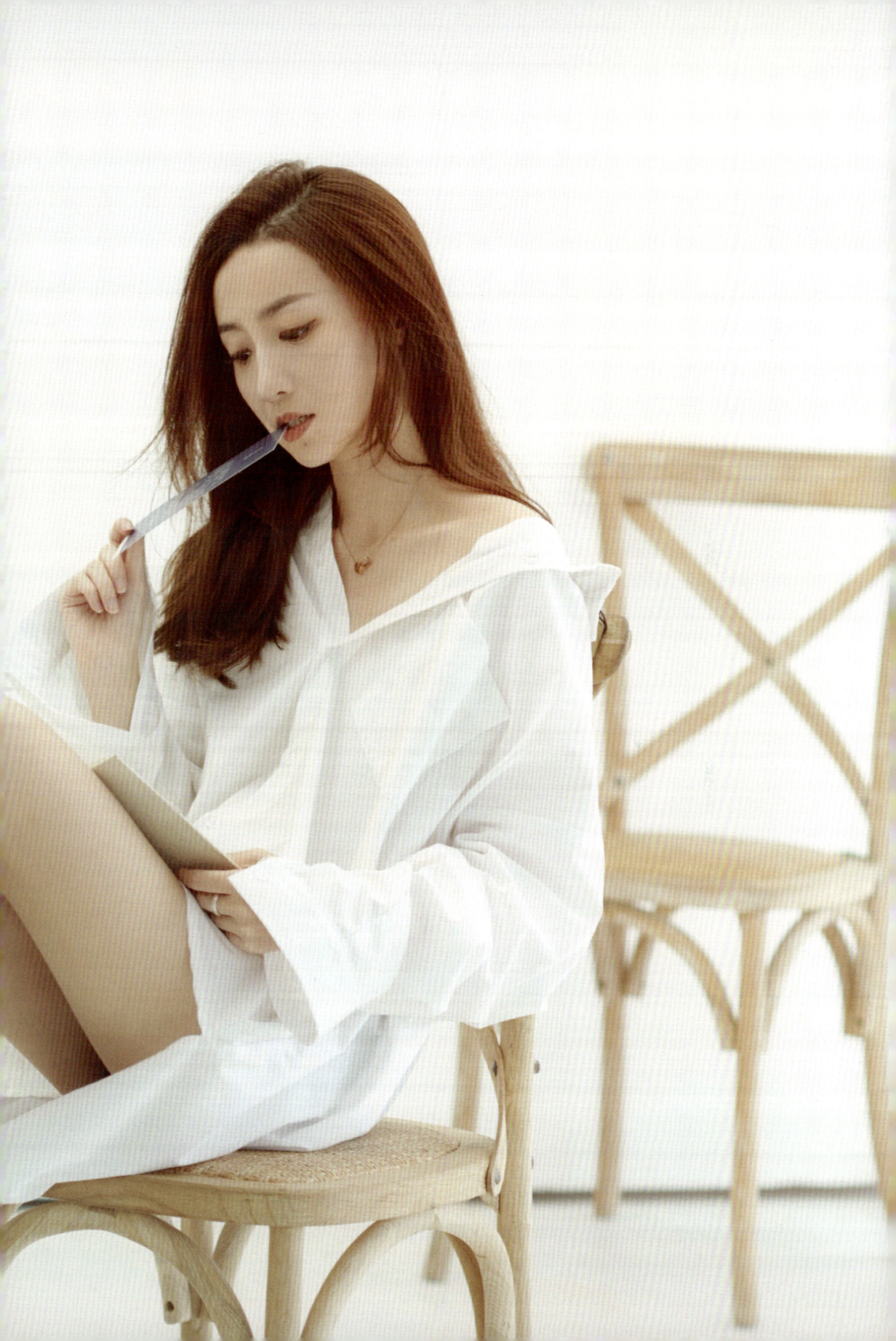

Peggy

目 录
CONTENTS

1 一只西北狼

004　你的漂泊，我的故事
008　你的执着，我的信念
012　你们约定，我的幸福
016　你的陪伴，我的快乐

030　我的篮球世界

038　18，如梦如幻
043　128，如痴如醉
047　800，如影随形

058　我的篮球世界

2 时光与回眸

066　那些贵人
074　亲密战友
080　恩怨情仇
084　谢谢，亲爱的

096　**我的篮球世界**

3 我的多扇窗

104　如阳光，相遇
108　如热恋，灸热
114　如重逢，激情
118　如星尘，永恒
122　如曼巴，坚持

138　我的篮球世界

4 想念你，科比

146　一杯白开水
149　一杯深情水
153　爱情、婚姻的期许

164　我的篮球世界

5 爱情白开水

172　假如我有一个弟弟
176　假如科比没有坐直升飞机
182　假如我的生活中没有篮球
187　假如你正在看我的书，我想对你说

210　我的篮球世界

6 让梦想照进现实

第一章

一只
西北狼

山清水秀

陕西宝鸡,城市很美。

山清水秀,历史悠久,青铜器之都。我出生在这里,我也很美。

陕西西安,城市很美。

文化底蕴,源远流长,十三朝古都。我长大在这里,我真的很美。

宝鸡,有岐山臊子面,我爱吃;西安,有肉夹馍,我也很爱吃。所以,我从小就是一个吃货。

我现居陕西西安,但是我的老家在宝鸡,我亲爱的姥姥家。

宝鸡与西安,都属于祖国的大西北。我从小到大,都有着西北人的典型特点,豪迈、比较虎。或许,在转播镜头中的我,是那样的婀娜多姿,规规矩矩。但是熟悉我的人都了解,我大大咧咧,潇洒自在。当然最主要的是,我真的很美。

经常看我比赛直播的朋友,应该有印象。起初站在直播间的我,也将自己的性格完全展露出来,与球迷朋友们称兄道弟,在直播里表现得太过爷们儿。于是领导跟我谈话,他语重心长地对我说:"咱们的受众球迷很多都是男性,佳侬啊,你是一个知性的女主播,你要稍微温柔一点、淑女一点。"

于是我谨记领导的教诲,开始收敛自己的个性。但是,骨子里的基因,藏不住也掩饰不了,不久之后我又原形毕露了。

人的性格特点或者脾气秉性,都是从小形成的。不妨,看看小时候我的生活,我的家。

潇洒自在

你的漂泊，我的故事

我是一个典型的西北人，甚至称得上是一个典型的西北女汉子。直率、豪迈，这些词汇虽然是形容大男人的，但之于我也恰如其分。我现在的家在陕西西安，但我的老家是陕西宝鸡，我的小学、初中和高中的大部分时光，都在这座城市度过。

宝鸡有一个响当当的古称——西岐。相信了解历史的朋友都知道，当年武王伐纣的根据地就在西岐，也就是今天宝鸡境内的岐山。

宝鸡和西安相隔不算特别远，因此黄土高坡上的人性格也都比

小时候的我

较类似。我的家人便是典型的西北人，于是从小时候开始，我也逐渐养成了西北人的性格。

我的家庭非常温暖，我有爱我的爸妈，疼我的姥爷姥姥，而我又是独生子女，可谓是"集万千宠爱于一身"。所以在我小时候，比较任性不懂事。我就像是一个孩子王，在一块玩耍时要当"大姐大"，即便是男孩也得听我的。慢慢地，我也养成了比较外向、强势的性格。

犹记得，邻居家的那几个小伙伴，被我追得满街跑。朋友家的宠物小泰迪，见到我都缩头缩脑的样子，可爱中又伴随着担忧，内心独白也许就是："这个混世小魔王又要抱着我满大街跑了吗？"

简单几个场景回眸，那真是回不去的、无忧无虑、自由自在的最美好的时光。

小学三年级之前，我的父母从事朝九晚五的固定工作。当时家里人虽然过得愉快平淡，但我爸妈还是希望可以趁年轻闯一闯，同时为了给家庭、给我创造更好的生活条件。于是我的父母，先后做出了重大的决定和改变，率先出击的是我的爸爸。

我爸开始了一段独自漂泊的北京岁月，也就是那个我如今再也熟悉不过的名词——"北漂"。

时光很快，我爸独自去北京闯荡五年，只可惜"创业"没能成功，到我初中时他就回到陕西。五年的时间内，爸爸只是在假期期间回家。这段时间，是我和爸爸之间沟通最少的时间，当然那时候的我，还只是一个喜欢各种玩的孩子，我不懂爸爸为什么要在外漂泊，我更不知道他当时经历了什么，偶尔成功的喜悦我不明白，最终铩羽而归，我更是不理解。

北漂失败后归家，这对于我爸爸来说，是一个比较沉重的打击，他满怀壮志，却落得个灰头土脸。有一段时间，我几乎看不到爸爸的笑容。

但好在爸爸是一个乐观的人，他很快就走出低谷，继续面对未来，继续开始他在陕西的生活。而爸爸的北漂经历，并不是我们这个家庭与北京的唯一一次亲密接触。因为十多年后的我，也踏上了和父亲一样的路。

或许我的工作看上去有些光鲜亮丽，似乎没有太多的不顺利。但是背后的酸甜苦辣，只有我自己知晓。我多少次在工作的压力背后，思考的一个问题是：究竟在当年，爸爸背负着是怎样的困难与无奈呢？那五年的时光，他是如何一个人在异地扛过来的呢？年幼的我，不曾听到他的一丝丝抱怨，也不曾在后来听到他有一次后悔过自己的决定。

我也多少次在内心发问：

在你独自漂泊的五年时光中，谁能够在大雨中，给你支起一把伞呢？是不是每一次，你都被雨水淋了个透心凉？

在你独自奋斗的过程中，谁能够在你深夜回家，给你做一碗热乎乎的汤面呢？是不是每一次，你到家之后，就倒地而睡，忘记肚子的饥饿呢？

在你为了家而追逐更好的生活条件时，谁能够在你经历失败，给你一个大大的拥抱呢？是不是每一次，你都在内心宽慰自己，会好起来的呢？

这或许就是实践出真知吧，只有去真正的体验了某个过程，你才会知晓，那世间一切都不容易。谢谢我的爸爸！谢谢，你那不曾

分享给我的五年岁月，仿佛一段段故事，写在了我如今的生活中。
熟悉，又温暖。

你的执着，我的信念

家里人都说，我更像妈妈。因为妈妈很漂亮，用现在流行的词，就是女神，毫无疑问的女神。而我，也感恩我像妈妈多一点，在这里，要感谢我如天使般的妈妈。

就是如此自信，女孩子要学会欣赏自己，才是终身美丽的开始，这一点妈妈对我的影响很深。

终归来说，我爸并不是一个特别强势的人，所以我总觉得他的性格并不适合创业。反而是我妈，身上有一股韧劲和拼劲，最重要的是更懂得取舍。因此我

我和妈妈

爱你妈妈

爸回来没多久，我妈按捺不住了，她拾起了我爸爸未完成的使命。于是，她开始开公司、开始做生意。而这时候我爸更像一个"贤内助"，他两头兼顾，一边操持家里的事，一边帮我妈料理生意。

慢慢地，家庭关系变成了爸爸主内，妈妈主外。所以我的强势性格，更多是受到我妈的影响。我妈是一个有主见的女人，她给我留下的最大观感，就是女生无论何时何地首先需要依靠自己，做一名独立女性，有独立的人格和处事方式。这样，你会有更多的思考，身边的人也会更加尊重你。

妈妈决定去做事业的一刻起，她就没有了停歇。我不知道她每天什么时候走，也不确定她每天归来的时间有多晚。但是有那么一段时间，一个星期我见到妈妈的次数，最多也就是一次。

皇天不负有心人，我妈的努力换来了收获，在她的坚持和努力之下，事业在一步步提升。最直观的改变就是我们的家庭经济状况有了更大的提升。但是，我妈并未沾沾自喜，也从未停滞不前。在维护已有客户生意的同时，她还在努力做大做强。直到今天，我已经成年工作，但她的事业心依然旺盛，对待自己的工作，总想要更上一层楼。

这也是妈妈从一开始就给我的一种信念，坚持做自己认定的事情，阶段的成功只是刚刚开始，不要轻易去沾沾自喜，而应去继续追逐。

如上所说，有一个阶段，妈妈工作很忙。所以，我爸对我的照顾更多。但是，我并没有觉得这给我带来爱的缺失，因为在有限的时间内，妈妈都给予了我最大的爱和呵护，有时候是我早晨起床后，看到餐桌上的一个煎蛋；有时候是我深夜梦中惊醒之后，洗衣间传来的流水的声音，看看自己脱去的脏衣服，已经不在身旁。

而且，这也反而让我更快地成长，童年的不懂事和任性，也很快就消失了。相比于同龄人，我明显更早独立。

如今看到妈妈脸上渐渐多出的憔悴感，有时候我会和她说，要

不然你就退休吧，和你同龄的阿姨们，现在每天都在跳广场舞了，而你还在东奔西跑。我妈显然不会接受我的友好建议，因为她有自己的想法，有自己的执着。她还是天天上班，隔三岔五地会出趟远门，专心做自己喜欢、熟练的事。

我爸偶尔也会唠叨几句，让我妈别那么拼了。这时，我妈便会上演一个"眼神杀"，于是我爸也就打哈哈笑笑，不吱声了。这样一个简单的瞬间，我总是看在眼里，乐在心里，这就是点点滴滴的幸福。

岁月你别催，这或许现在是我对爸爸、妈妈，最大的内心呼喊。我开始支持妈妈继续努力，因为我发现，只有让她不停下来，她才会觉得自己更快乐，更幸福。在这里，谢谢你，妈妈，你的执着，就是我如今成长的信念。谢谢你，妈妈，你的经历，就是我要传承的执着。

你们约定，我的幸福

按照常理，如果家庭中有一个要强的女人，总会出现一些不和谐的时刻。幸运的是，我爸大部分时间都比较包容，而我妈也是一个适可而止的人。我从小到大非常自豪骄傲的一点，便是有这样一个温暖的家。家庭难免发生过争吵，但从没有鸡飞狗跳的场面。亲爱的爸爸、妈妈，用他们的行动塑造了一个圆满的家庭。我在这样的环境中成长，非常幸福，也非常幸运。但是，殊不知，爸爸、妈妈，曾经为了我许下一个美好的约定。

前文描述过，我的爸爸独自去北京闯荡五年。这期间我爸偶尔回家，每次回来都给我带玩具。所以我对爸爸离家闯荡，倒也没什么怨念，毕竟我还小。不过后来我知道，我妈颇有些意见，为此在我不知情的时候，她和我爸发生过几次争吵。争吵的内容，大概就是这么长时间了，也没有做出成绩，劝他不要去北京了。

我撞上过一次他们两人的争吵，当时我上四年级，已经是比较懂事了。事发的前一夜，我被告知，爸爸会在第二天回来。于是我带着对玩具的期待，比往常早了一点时间跑进家门。我蹦蹦跳跳地自己打开门，进到屋里，很奇怪，爸爸、妈妈没有听到我的开门声音。

但是，不一会儿，我就听到了爸妈在房间里争吵，而且声音的分贝越来越大。我不知道发生了什么，我也不敢去过问，更不懂爸妈之间是怎么了？妈妈的性

格比较强势，她说话的声音很大，近乎歇斯底里地咆哮，可能是我听到过最大的一次。而我爸可能也在气头上，丝毫不相让。此时我的内心，开始不安起来，心里害怕极了，于是放声哭了出来。

有时候，孩子的哭声就是最好的灵丹妙药。我爸妈听到之后，立刻停止了争吵，他们跑出房间，来到客厅，赶紧将我拥入怀里，忙问我怎么了。我什么也没说，就是使劲地哭，似乎要努力盖过他们之前争吵的声音

我爸妈也很快反应了过来，他们急忙掩饰，说别怕别怕，爸妈不吵了，宝贝不哭了。那天，我就一直待在爸妈身边，他们果然也没有再吵。到了睡觉的时间，我和爸妈说要和他们一起睡。爸妈一开始不同意，我干脆直接脱了鞋子、袜子，直接钻进了他们的被窝，睡在他们中间。

上床之后，我很快假装睡着了，准备偷听他们讲话。过了一会儿，我爸主动开口，向我妈解释着什么。他们说话的声音也很轻，生怕吵醒我。具体说了什么，我已经记不太清，好像还是工作的问题。到最后，我妈就说以后别这样了，孩子白天都吓到了。我爸也没吱声，默许了妈妈的提议。

果然，这之后我就没见过他们有这样激烈的争吵，哪怕小打小闹也很少出现。尤其是当着我的面，偶尔拌嘴，我爸也总会很快服软，我妈也不会咄咄逼人、得寸进尺。长大之后，一次我和我妈聊天，说我好羡慕你，我爸什么都让着你。我妈白了我一眼，就和我说起这件往事，说那次以后他们就约定以后再也不在我面前吵架，怕给我留下阴影。我心里暗自一笑，自己这个小棉袄还真不赖。

其实，我一直有一个梦想，那就是有一个弟弟或者妹妹，上学的时候，我特别羡慕不是独生子女的朋友。我觉得他们回到家，就有小伙伴可以随时随地玩，还能"使唤"弟弟、妹妹。而我回家后就没人陪我玩了。初中时，我甚至和我爸妈商量，能不能再给我生一个弟弟或妹妹，不过被他们用带有"杀气"的眼神拒绝了。

我之所以有这样的梦想，就是因为爸爸、妈妈都曾经有一段时间离我很远，爸爸的北漂经历、妈妈的奋斗岁月。然而这样的一个想法，也随着时光，慢慢地从我脑海中消失了。爸爸、妈妈或许他们曾经都离我有一段距离，但是他们却都是为了我做的努力。

此时想起他们那个美好的约定，我都会不自觉地洋溢着笑容。真的很简单的一件小事，我却如此的幸福。

你的身边，你的父母，有过多少不经意的决定，让你久久不能忘怀呢？我相信，我们所有人的父母，都是如此平凡而伟大。

总而言之，我的家庭让我倍感幸运。尤其当我长大之后，我开始觉得这并不是理所当然的。特别是在我自己恋爱之后，我更加明白经营一段关系、一个家庭有多难。所以，我要谢谢爸爸、妈妈，真诚地感谢他们。

015

你的陪伴，我的快乐

我从小就非常喜欢动物。

邻居家的小狗对我的"惧怕"，便是因为我对它的过分宠爱。每次看到它，我都忍不住地要抱着它，四处狂奔。因为当时年纪小，我有时候会把它拎起来，让它跟着我到处赏花、看风景。或许我在不经意间弄疼了它吧，所以它就有点儿害怕我向它张开怀抱。

相比于小狗，我更喜欢小猫咪。

小时候，我姥姥家养了一只猫，它的名字叫小小。猫如其名，小时候的它，可爱得不得了，恨不得分分钟都要在我的怀里。因为我是独生子女，并不是每时每刻都有人陪我玩，于是小小成为我的"玩伴"。

我童年很多的快乐，都是它带给我的。但是，小小的命运不是很好。

一天小小没了，我和家人到处寻找着它，但是却一直找不到，我因此大哭了起来。直到小小丢失的第三天，我们才找到了小小。然而那是一个很不好的结果，小

看见动物，我总想抱抱它们

小的尸体，躺在小区里面的一排冬青树下面。

我无法想象，这个画面，当时给予我幼小的心灵多么大的打击。小小，是我最好的玩伴，我止不住地流泪。我哭着找姥姥要，非让她把小小变活过来，继续陪我玩。我姥姥没办法，安慰我说我们去买一只新的，但是小小真的不在了。后来，我亲手埋了小小，还在周围画了一个圈，摆上一堆石头，觉得这样小小就不会被野兽叼走了。

后来家里又迎来了新的客人，我依然称呼它为"小小"，但是由于我后面更多的时间待在学校里，和猫相处的时间也少了。但每次回家放下书包之后，都会去摸一摸它的毛发。我甚至觉得自己最温柔的一面，也许就献给猫了。上了大学，宿舍规定不准养小动物，于是四年时间都没有养猫。只是在回到老家之后，抚摸一下家里那只老猫。当然这只老猫，也因为时光飞逝离开了我。动物和人一样，也有生老病死。

　　大学毕业之后，我自己到外面租房子住。又回到一个人的生活，于是我打算养一只猫。当时，我去猫舍转了一圈，有好多猫都非常漂亮，品相非常好，每一只的大眼睛都是那么有生机，恨不得将它们全部带回家，成为我的陪伴。但在茫茫猫海中，我一眼就看中了一只英短蓝白猫，因为它的样貌，它的毛发颜色，它的小眼神，尤其是它的脸庞，都特别像那只最早的小小，如此的熟悉，如此的亲切，所以我叫她脸脸。

脸脸逃不出我的"魔掌"

当时，脸脸有一排齐齐的刘海，看着非常可爱，它在笼子里目光炯炯地盯着我看，一股憨憨劲。所以其他猫我也不看了，直接决定带脸脸回家。脸脸也的确是幸运星，把它带回家之后，治愈了我很多不开心。

刚抱回来时，脸脸还很乖、很温顺，就像来到家里做客的客人，比较拘束。但和我在一起待久了，脸脸也知道了这是它的家，所以现在它已经非常顽皮。比如，我不能把杯子放到茶几上，否则它的小爪子肯定就会伸进去，手和脚放到杯子里转圈圈，杯子就变成了它的洗脚盆。

我给脸脸买了一个装猫粮的盆，但它永远不会在盆里吃饭。它会把午餐全扒出来倒在地上，吃地上的碎渣子。它也不趴着喝水，每次喝水都手脚并用，一边玩一边喝水。每次喝水，它都要弄湿一地，给它放水盆的那一块地板，现在因为洒水过多，都已经翘起来了。

还有一次我下班回家，家里就像是"鬼子进过村"一样。沙发上的垫子，茶几上的零食，都散落在地上，另外猫粮也撒了一地。我刚要发脾气，突然看到盆里没有猫粮，想起来早上忘记给它准备了，难怪脸脸"大发雷霆"呢。

有时脸脸也会惹我生气，但看着它无辜的眼神时，我所有的怒火都飘到九霄云外了。这个时候，我就把它抱起来摸摸头。往往这个时候，脸脸都挺乖的，因为它知道自己闯祸了。但转眼之间，脸脸又暴露本性，令我哭笑不得。

生活中有了脸脸的陪伴，平添了很多乐趣，也少了很多烦恼。生病、工作压力、感情危机时，都是脸脸在我身边。是脸脸看着我偷偷掉眼泪，是脸脸陪着我度过我的不快乐时光。它的一声"喵"，简直就是治愈一切伤痛的良药。

我的小伙伴们也都知道脸脸，她们来我家做客时，都喜欢和脸脸玩。脸脸这个时候就显得比较高冷，看起来很矜持，喝水、吃饭都特别有范儿，就像是大家闺秀。我和小伙伴们说脸脸的"坏话"，它似乎也能听懂，马上朝我投来"警告"的目光。

　　脸脸现在也很黏我，就连我洗澡的时候，它也会卧在一旁等我洗完。每天晚上睡觉前，我都会让它陪我一起看电视。但脸脸总不安分，就不想待在我身旁，要么爬上茶几，要么爬上电视柜。到后来，我也便由它去了。

婀娜多姿的脸脸

　　动物是生灵，而对我来说，它不只是生灵，更是朋友和家人。一个人在外漂泊，脸脸就是我的寄托。当我身心俱疲回到家，一声猫叫，就能唤醒我对世界的热情，让我明白生活的意义。

　　即便再苦再累，我也愿意做一个铲屎官。

ACCOMPANY

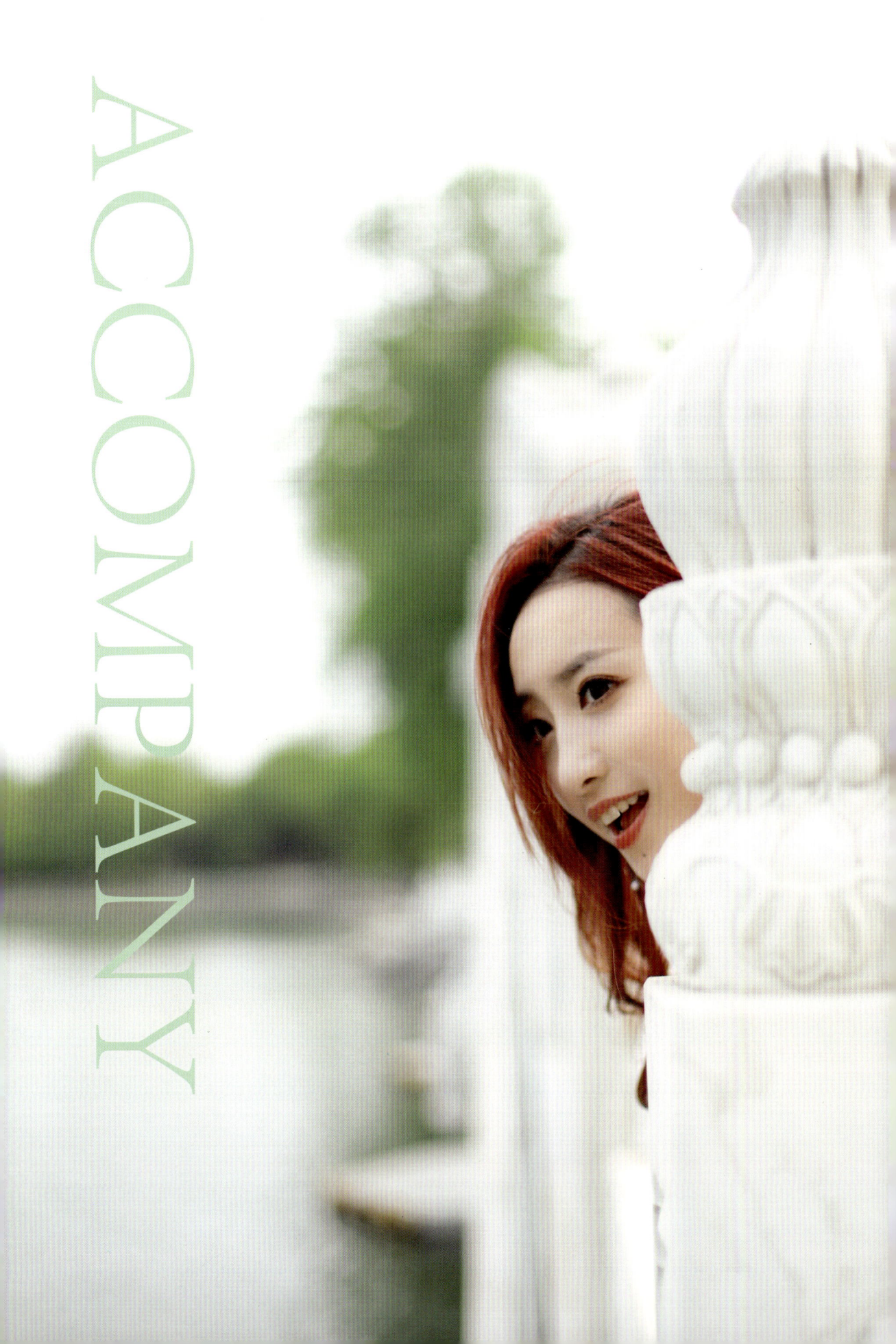

APPRECIATION
感恩

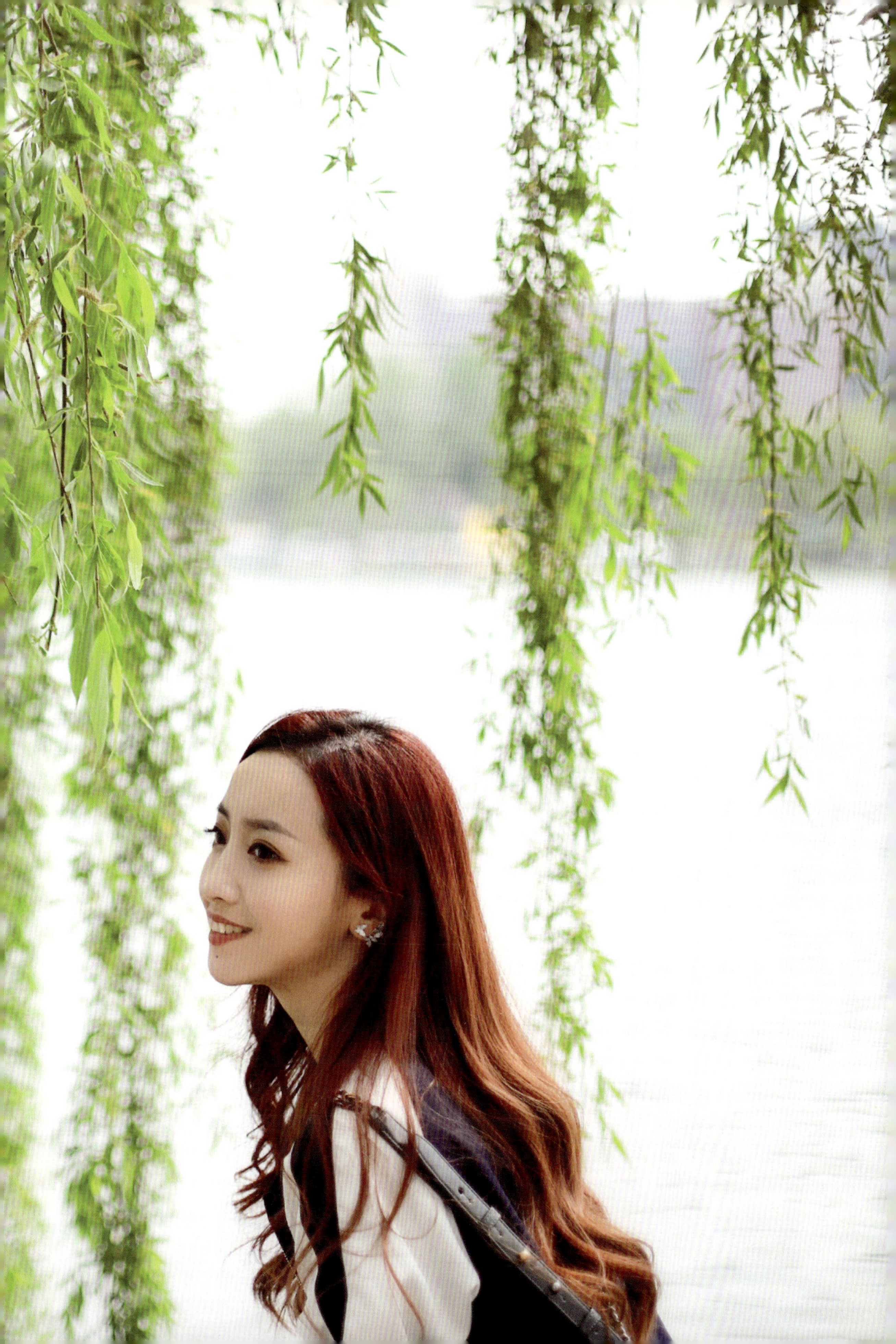

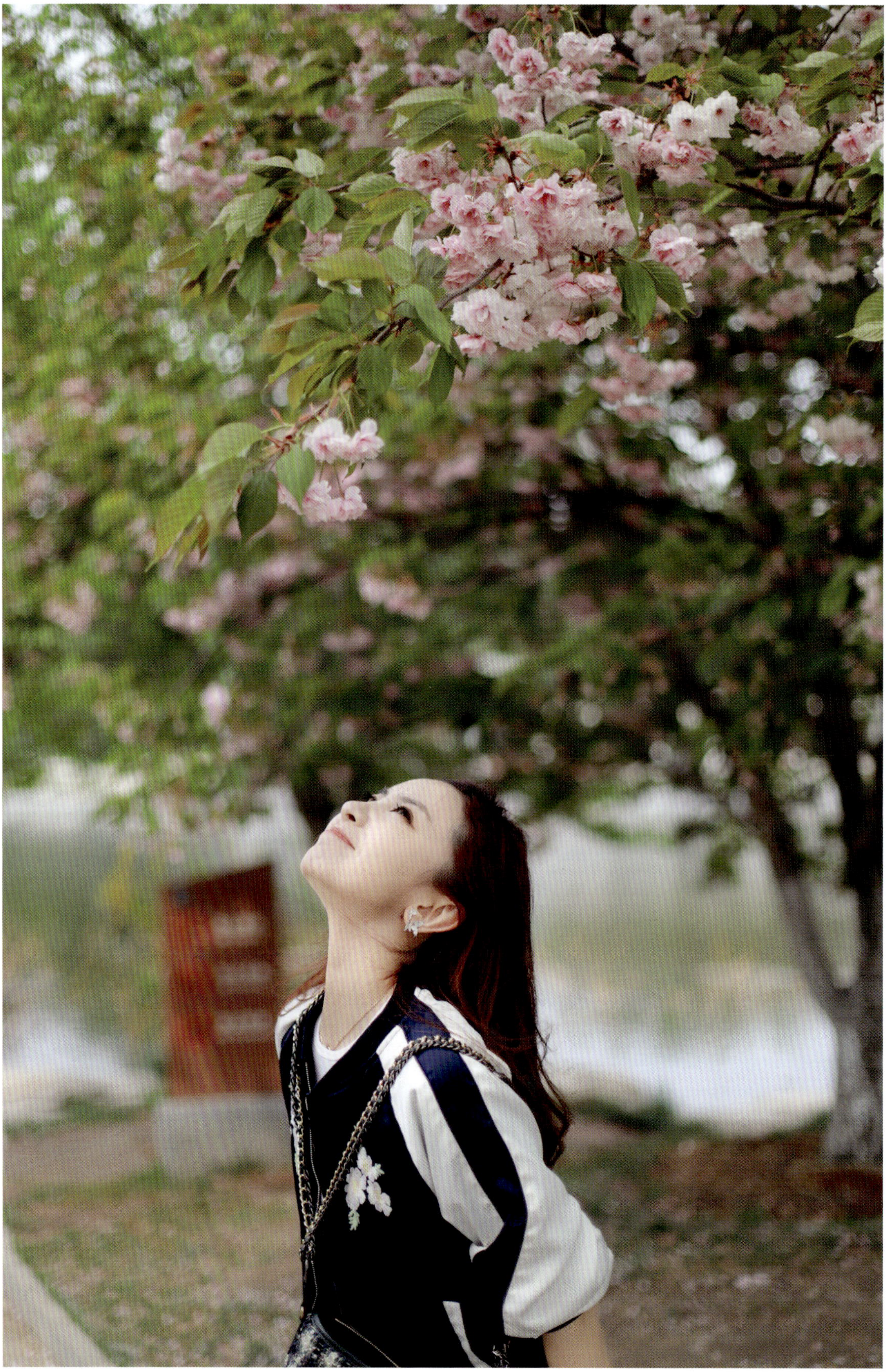

永远自信

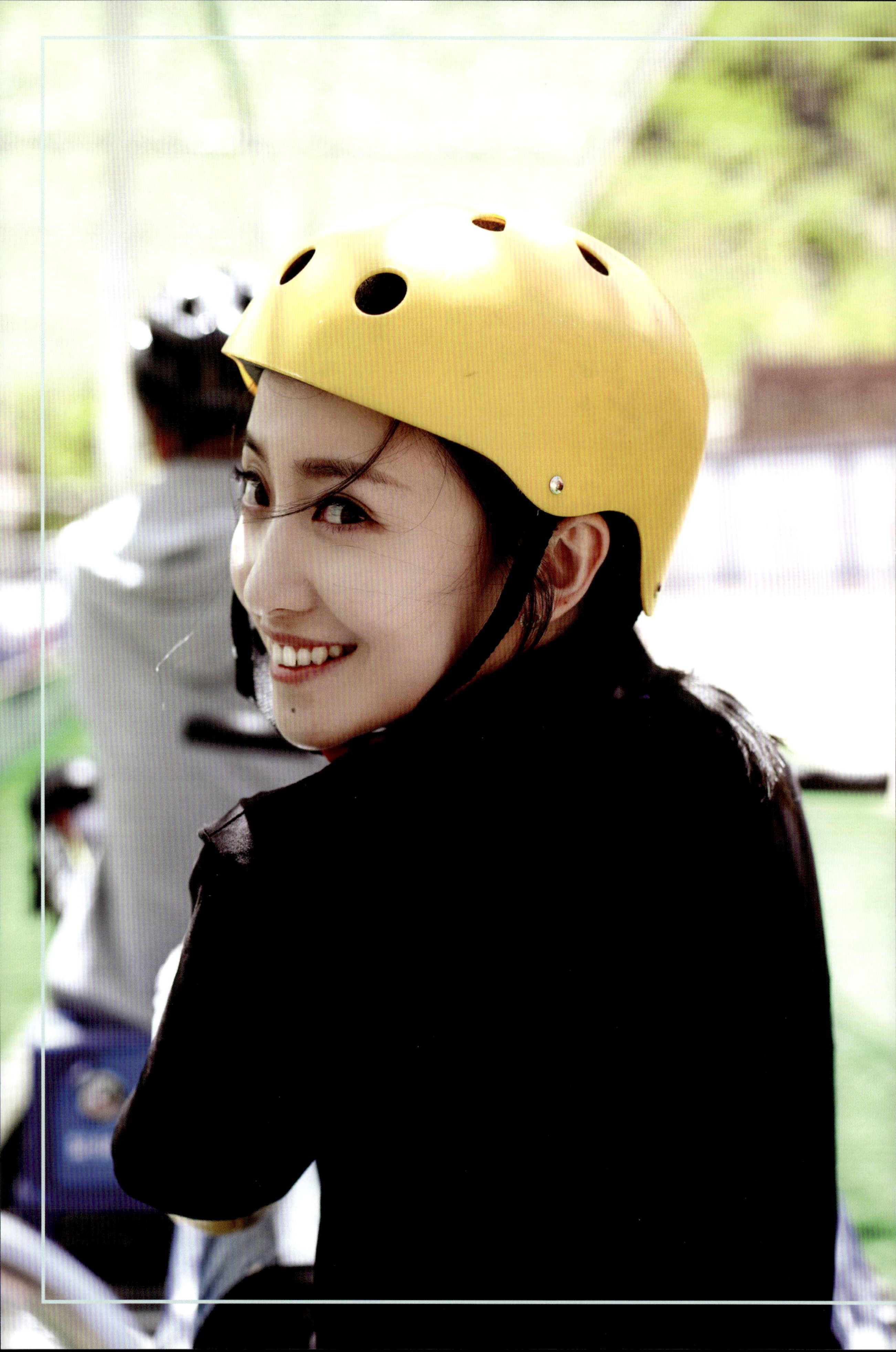

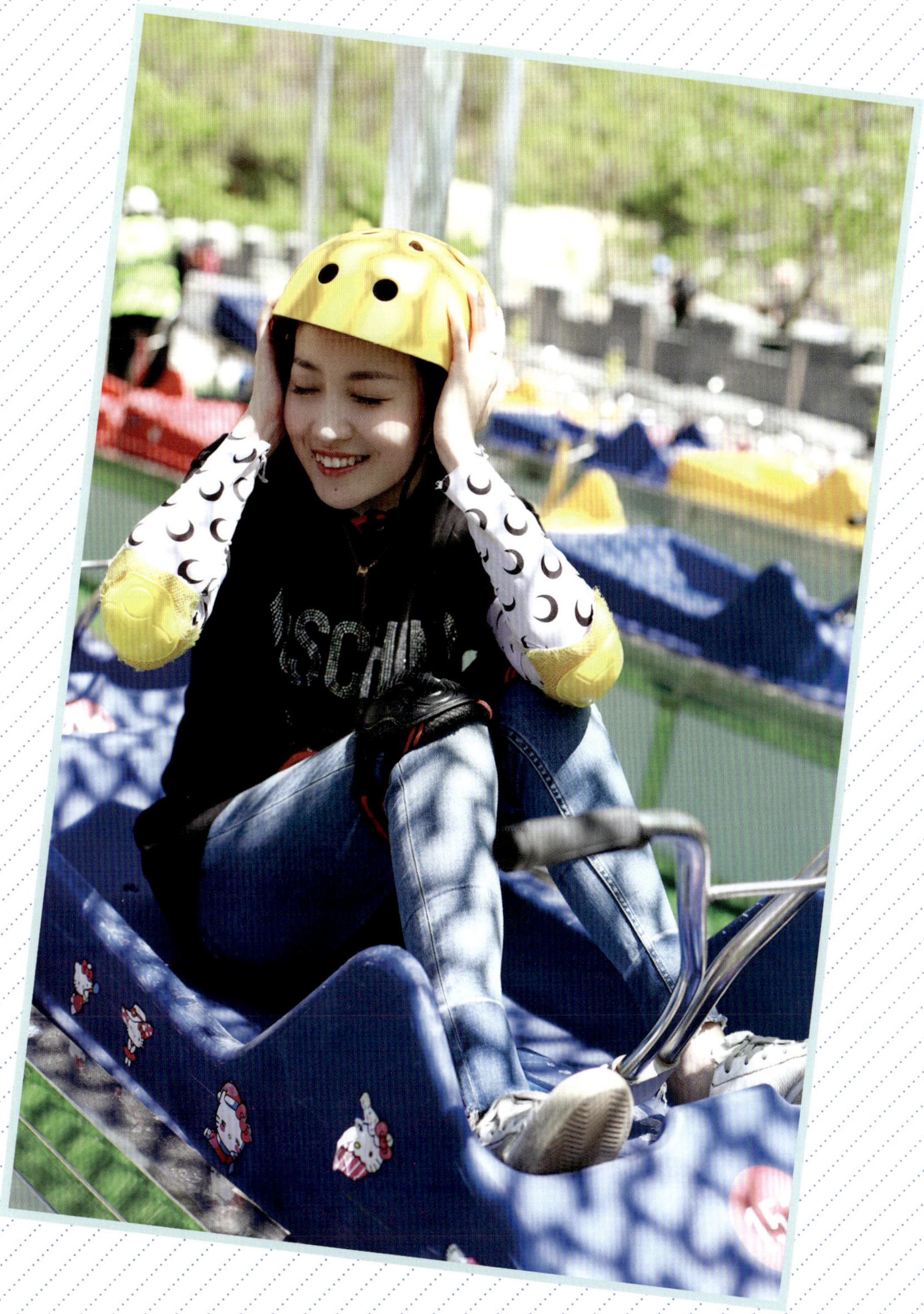

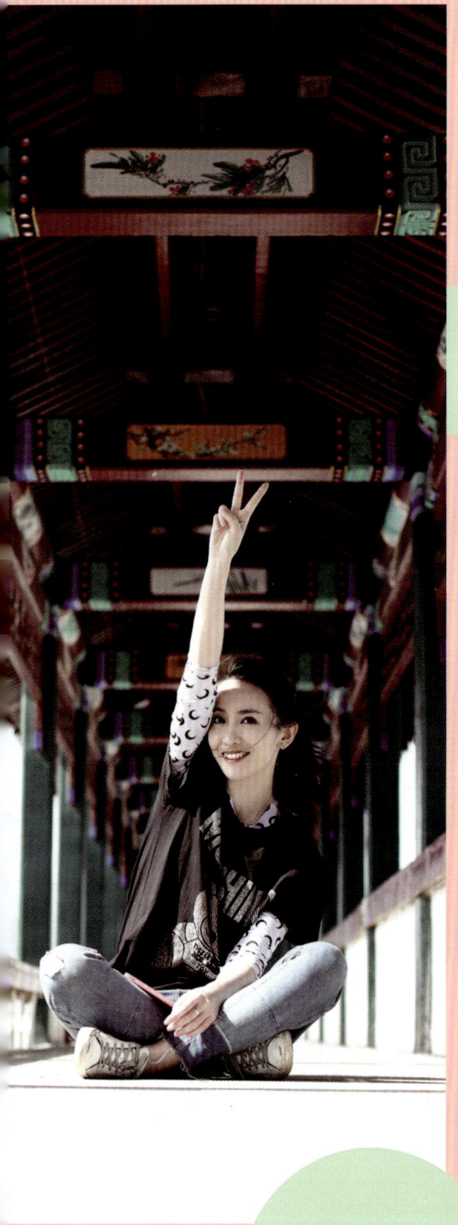
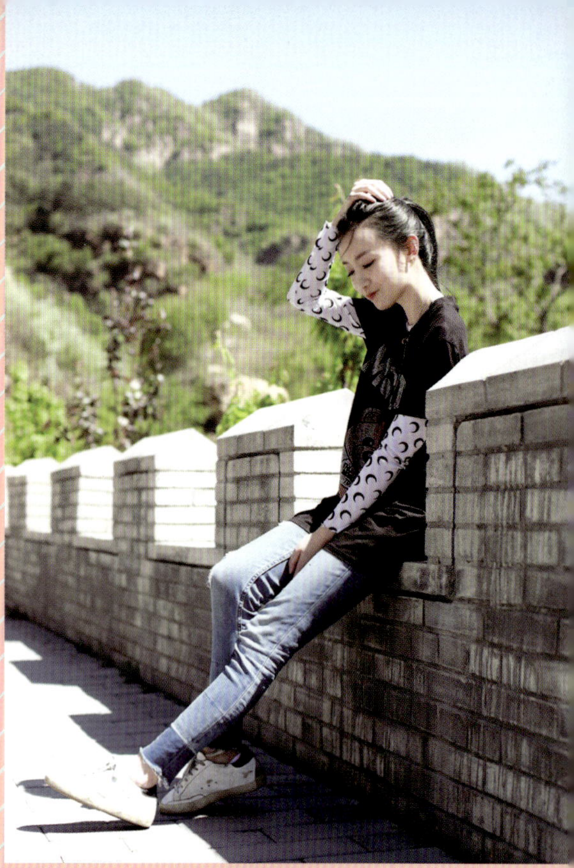
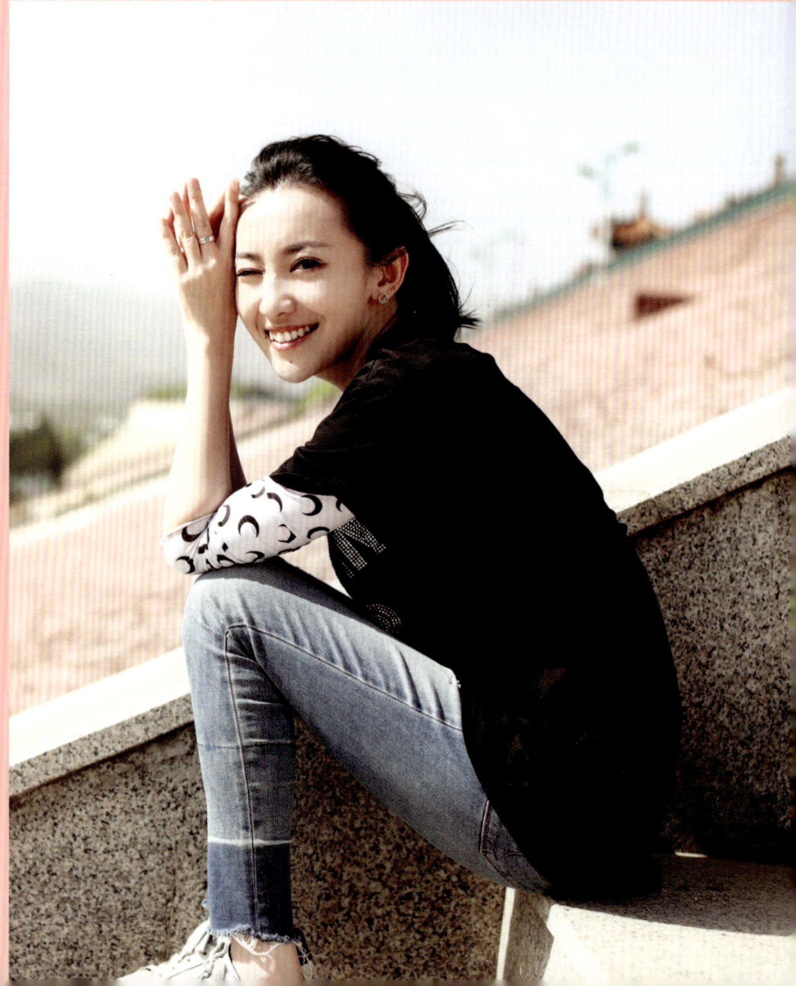

CONFIDENT

我的篮球世界

送给沙奎尔·奥尼尔

你如同大山一般雄伟,别人撞上你,就像撞到了一堵墙。

你憨厚的笑容让人永远难忘,你和科比的相爱相杀,散发着岁月的光芒。

你的名字叫奥尼尔,"大鲨鱼"是你的绰号。

鲨鱼是海洋之王,拥有着统治海洋的力量。

而你,就是篮球场上的王!

送给勒布朗·詹姆斯

从骑士队到热火队，再从热火队回归骑士队，

虽然有人骂你忘恩负义、背信弃义，

但这一切都是因为他们爱你太深，爱之深，才会责之切，

而这显然都是值得的。

2012年的总冠军戒指和奥运会金牌，

让你追平了传奇迈克尔·乔丹。

2016年，回归骑士的你又带领球队拿到队史首个总冠军。

当湖人处于低谷时，你的到来又让人对这支曾经的辉煌之师充满信心，

在科比去世十个月之后，

你终于带领湖人，时隔九年再次拿到了总冠军。

> 我的
> 篮球世界

送给克里斯·保罗

在我眼里你是联盟最好的控卫,我不想说"之一"。

技术全面、投篮稳定、防守出色。

库里(斯蒂芬·库里)曾经说你:用出色的表现逼着对手打出更高的竞技水准。

你有着顶级的抢断能力,也是联盟最好的传球手,能够将球长时间控制在手。

你是一位非常出色的球星,但同时又非常谦逊。

你,就是克里斯·保罗。

很遗憾,你与科比的联手未能实现。

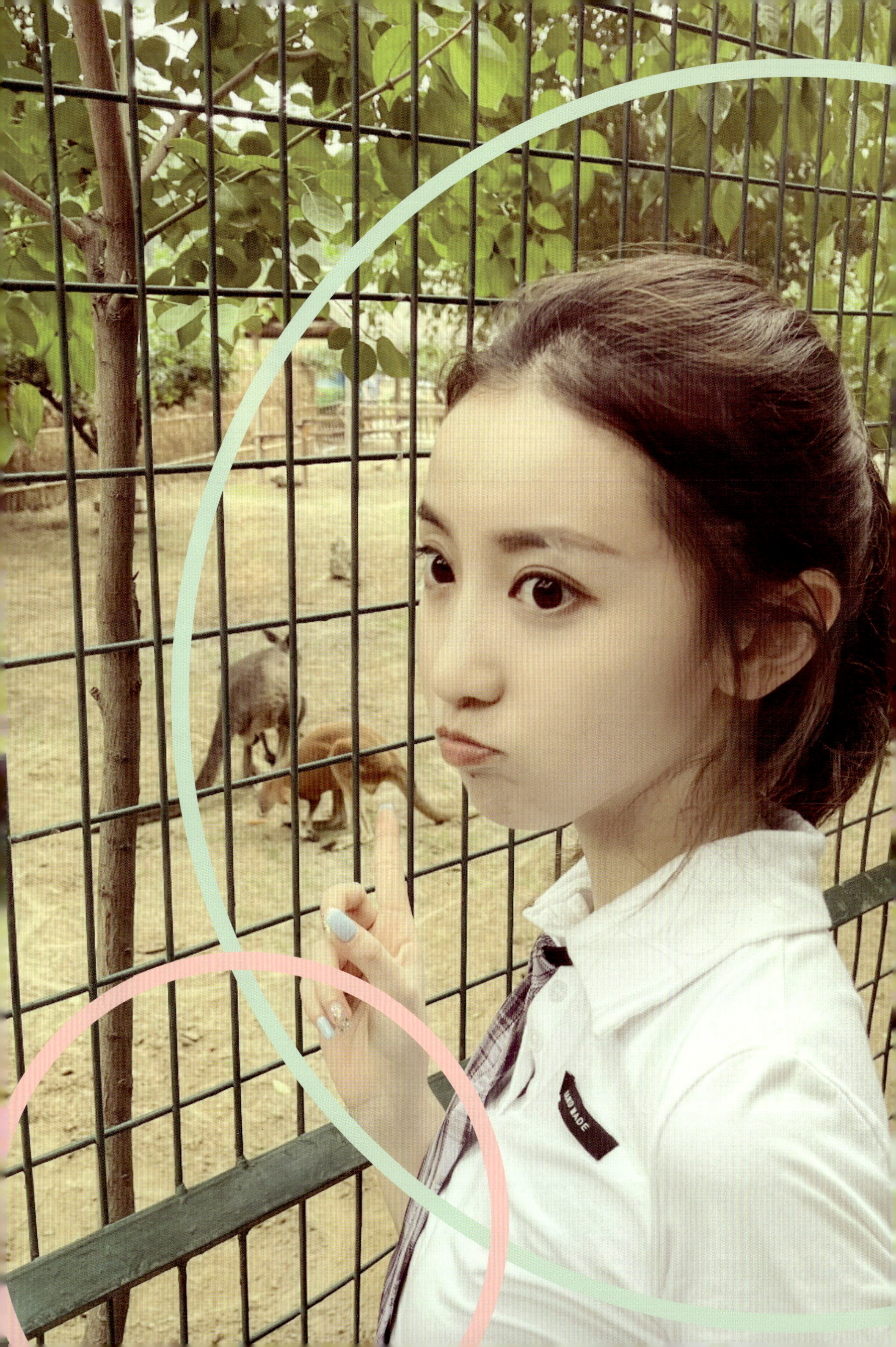
HAND MADE

第二章

时光与回眸

回忆过往

人们总喜欢回忆过往，怀念青春，我也是如此。

当你走向婚姻殿堂之后，你会回想，你和你的另一半，曾经的点点滴滴。

当你为人父母之后，你会想起，你小时候，父亲与母亲的点点滴滴。

当你工作之后，你会回首一段段校园时光，那是多么美好的时间啊。当我毕业之后，每每回忆起校园时光，我都会沉浸当中，无法自拔。小学，中学，大学，每一个不同的时间段，带给我的是完全不同的心境。

那时候，我上小学，我无比渴望长大，感觉日子过得好慢好慢，我想体会大孩子的世界，我也想骑着单车，肆无忌惮。

那时候，我上中学，我又无比渴望大学。因为我渴望自由自在的生活，渴望尽快逃离堆积如山的试题，渴望让争分夺秒的岁月一去不复返。

那时候，当我上大学，我终于发现，时间过得好快好快，属于我的学生时代，很快就要远去。我开始对未来迷茫，但又憧憬……

我从小就有一个做主持人的梦想，也许是小时候爸妈无意之中开的玩笑，也许是天性使然。我很幸运，我坚持着自己的梦想，并把它带入校园。从高中

到大学，我的一切都围绕着播音主持；从艺考到录取，到最后的毕业，我的学生生涯也得以圆满结束。

　　转眼之间，毕业的时刻已经到来。可这一次的毕业与以往不同，我将永远告别学生的身份。下一次，当我再踏进学校时，我已是校友。

　　毕业那一天，我和朋友们合影留念，在学校的每一个角落。回到宿舍，我翻开手机相册，看着四年前自己来到大学校园时的模样，感慨万千：我真的是一个大姑娘了，时间如梭，岁月如光。

　　这一刻回首，虽然我不是一个感性的人，但当毕业的时刻真正到来，我的眼眶中还是噙满泪水。

　　所以，朋友们，珍惜当下，就是全部。珍惜当下的每一刻，心灵之花自然鲜明，生命之花自然葱茏。如果不能珍惜当下的拥有，必将错过一个又一个生命的美好。

　　虽然我留恋过去，但我想骄傲地说，我没有虚度自己的青春。我人生至今最重要的一个角色，我想我做得还不赖。

18，如梦如幻

长这么大，我爸妈说比较成功的一件事，就是对我进行"放养式教育"。而正是这种放养式教育，让我最终走上人生路上的第一个顶峰——考入中国传媒大学。当然，这个"放养式教育"，并不是对我

感谢母校对我的培养

的学习成绩不管不问，而是给我足够的自由空间，选我所爱。

我第一次知道中国传媒大学时，她还叫北京广播学院。因为很小的时候，我就比较外向好动，特别爱说话，说不好听点，就是调皮捣蛋。我初中时还被安排到"特座"——当时在讲台底下老师会安排两个座，坐着的一般是调皮捣蛋的男孩子，而我"不幸"也被安排上了。

或许由我的性格决定，从小时候开始，我就口齿伶俐，说话特别麻利，而且天不怕地不怕。爸妈以及亲人、朋友就经常开玩笑，以后你去当春晚主持人吧。于是我问他们，去哪儿上学才能当主持人呢？爸妈查了一下：就是这，北京广播学院。

于是，我的心里埋下了一粒"主持人"的种子，渐渐生根发芽。

最初，我爸也是很严格地监督我的学习。但我妈说，小孩儿得让她解放天性，健康快乐长大。所以从小到大，我只有在小学的时候考过班级的前三名。而到了初高中，学习成绩永远都是在中游徘徊。但是那段时光，我真的很无忧无虑，听歌、看球，好不快哉。对了，也是因为这段时间的无忧无虑，我与体育之间的关系，也在慢慢变得更加亲密，这放在后面的章节去书写。

到了高中，我爸也基本切换到随遇而安的模式。他告诉我，如果你能考一个二本的大学，我就很心满意足了。当然我妈有时也会发愁，不过英明的她总说，开心更重要，努力就好。于是，我一直没给自己太大的压力，心安理得地保持在中游水平。

然后，那个主持人的种子，没有停止生长。也就是到了高二的时候，我和他们说，我想考中国传媒大学，做一名主持人，他们都觉得我是开玩笑。因为中国传媒大学分数很高，如果按我的文化课成绩，是不可能考进去的。

但我的想法是，通过艺考，进入播音主持班，当一名主持人。

我爸妈对于艺考并没有概念，直到有一天我向他们正式提出，我要走艺考这条路，他们才知道有这么一种方式。我爸起初并不同意，希望我按部就班，通过文化课高考。后来我妈先动摇，她说你既然喜欢，那么你就去。经历多次家庭内部会议之后，我爸最终还是顺从了我的意愿。

在我下定决心之后，艺考之路似乎挺顺利。当时陕西省的规则是要先过联考，才可以去参加校考。我的联考分数排名陕西省第二名，成绩相当优异，于是我去北京参加校考。那一年艺考是一个大潮，千军万马过独木桥，录取的比例非常低。考完初试，我也没抱太大的希望，结果2月的一天，我查成绩时惊奇地发现，我竟然通过了初试。我内心的种子，终于进入萌芽阶段了。

当时我爸妈的第一反应就是，6月就要高考了，还是应该以文化课为主。他们不太支持我去北京参加复试，觉得我见过世面就够了。我说一定要去，不试一试，怎么知道我过不了呢？我爸妈当时心也挺大，他们给我订了机票跟酒店，就让我独自一人去北京参加复试。

至今，我都觉得那是我人生中最有成就感的事情之一。18岁，别的同龄人都是家长，甚至是双亲带着来考试，而我是自己一个人。那种感觉，实在颇有些得意，在无意之间或许也增加了我的自信。

复试结束后回到家，我爸还不忘"奚落"我几句：

"现在好了吧，你看到了各个省市的人中龙凤啦，不要嘚瑟啦！好好学习文化课，你联考考这么好，在陕西省挑一个有播音专业的一本学校就可以啦。"但我不服气，我的内心潜台词是：我觉得自己复试的发挥比初试好，更重要的是，我觉得我要回到北京这座城市，那可是你奋斗过五年的地方。

最后成绩揭晓，我是全国女生第31名。我永远也不会忘记，当我告知我爸这一喜讯时，他那"不可思议"的表情。他从来没有想过，自己"不学无术"的闺女，能够考上这样的大学。时至今日，我爸妈还偶尔会听到身边的人夸我，这也让他们更坚定地认为，当初坚持的释放天性，是一个对的选择。

当时高中分科时，我们班主任一人给了一张便利贴，让我们把心仪的大学名字写上，贴在班级后面的黑板上，围成一个心形。我当时写了中国传媒大学。老师说等以后考上心仪大学，他会把便利贴还给我们。犹记得，在返校的那一天，当班主任递给我便利贴的时候，我那抑制不住的喜悦之情。

班主任说我笑得像一朵花，自然到让人不由得也要跟着笑得像一朵花。

写一个艺考的章节，我不是想说我有多么了不起。我只是觉得自己有那么一丢丢小幸运，同时在这里，我真的很感激父母对我的信任。

或许父母，曾经为了梦想，做了孩子高考选择的"拦路虎"，但是他们有自己的顾虑。谁不希望自己的儿女有个好的未来呢？我现在

妈妈永远支持着我

　　特别能理解爸爸对我当时艺考的阻拦，这更多是出于父亲对女儿的保护，以及望女成凤的迫切心情。

　　他原本只是希望看着我踏实地、一步一个脚印地学习。后面的事情脱离他预想的轨道，但好在结果不坏。而我一步一步走到现在，有了自己喜欢的工作，也总算不辜负爸妈的期盼。

　　回首这段内心种子发芽的过程，我是无忧无虑的。同龄人所经历的文化课的折磨，我似乎打着哈哈就过去了。而我最终也上了一个心仪的学校，这样想来，我的前18年如梦如幻。

128，如痴如醉

你走过弯路吗？我走过。你荒废过时间吗？我荒废过。

对如上，我后悔吗？真的后悔。但是人生没有后悔药，只希望看我的书的朋友们、粉丝们，不要像我一样，有过如下的一段蹉跎时光。

当我来到向往已久的传媒大学校园，很多人遇到的第一件事，便是参加社团。起初，和很多同学一样，我报了很多社团，也算是随大流。当时被某一个社团"录取"，心里就会有很大的成就感。但真正进入社团之后，我很快就厌倦了。

对于大一新生来说，进入社团时的角色就是"打打杂，帮帮忙"，不会有太多实质性的工作。也许是我责任心不够，也许是过惯了"放养"的生活，当然更可能是因为自己的"懒惰"，慢慢地，参加社团活动更多地像是任务和累赘，不适感也与日俱增。

作为一头"西北狼"，我怎么能忍受这样的感觉呢？于是，我开始逃离学生会的一些活动，对参加社团的不快也表现得愈发明显，以至于最后，我被学生会等一些社团"劝退"了。

现在回想起我的"懒"，可能连自己都觉得不可思议。一次，我和室友一起参加风采之星歌唱大赛。初赛顺利晋级，但复赛我却没去，原因相当奇葩：因为我觉得从宿舍走到参加复赛的广场太远了，好麻烦、好累。

从这个角度来看，我在大学里算是一个宅女，有很多时候我甚至都不太会想走出宿舍。即便是对待专业，我的懒散也没打太多

"折扣"。举个例子，播音主持专业的新生，专业课老师布置的第一个任务，就是每天坚持练声。还记得，我只是开学的第一天，跟室友手牵手去明德桥练了一次声，后面再没主动去过。除非专业课老师今天要求我们练声打卡，这样我才会去。

和我不同，我的舍友们都是学霸。大学毕业之后，她们一个是北大研究生，一个是人大研究生，还有一个出国读研究生，只有我早早开始工作。上学时，她们不会落下任何一节课。专业课，她们还会生拉硬拽逼我起床。如果不是专业课，舍友就把我床上的帘子掀起来看一眼，大多数时候，我连眼睛都不睁。于是，她们也知道"流程"，在课上帮我答个"到"。

现在回想起来，对这段时光，我真的是有点后悔莫及。我多想回到从前，然后给当时的自己几个善意的忠告。享受大学的每一个过程，那是对你将来最好的回报。可是，遗憾总是难免的。大学的时光，我们依然还是学生，学习总是第一位的。一旦走上社会，想要静心去学习，真的太难。这也是我离开校园后，最深的感受。

那么上大学之后，我最重要的"工作"是什么呢？一个字——吃！

作为一名播音主持专业学生，我来到大学时只有100斤，可以说是亭亭玉立，闭月羞花。但我奔放不羁的天性，在来到大学之后彻底解放。没有父母的唠叨和管制，我便彻底放飞自我。传媒大学西街小吃街，学校门口几乎所有好吃的店铺，无一例外，都曾是我的战场。

喝过多少可乐，吃过多少垃圾食品，已经完全记不清。我就这样一直吃，吃到大二快结束时，已经是个大胖子，但我自己却还浑然不知。终于，有一次我回老家，和姥姥一起吃饭时，姥姥说你太胖了。这时，我才意识到自己真的胖了。小时候，姥姥常对我说你这小孩太瘦了，多吃点。老人们饿过肚子，都希望孩子们多吃点。

她这样说，问题真的严重了。

于是，我上秤一称，数字是醒目的128斤。我妈一见差点崩溃，她说你学播音主持的，脸都肿到不行，整个人跟气球一样，以后可怎么办呀。其实，之前周围很多人已经提醒我很胖了，但我都没当一回事。但这次事情之后，我回到学校，环顾周围的小伙伴，突然发现大家都越来越苗条、漂亮，却只有我一个人胖得像个气球，还在飘飘然。

对我这样一个"懒人"来说，如果正常减肥，一定是极为痛苦

的。而我的减肥之路，说起来也真是无心插柳。大二暑假回家，我在家吃坏了身体，不幸得了痢疾。这场大病，让我断食整整一个礼拜，天天打吊针、挂盐水，足足瘦了10斤。

而恰恰又是在这个当口，我跟男朋友吵了一次严重到快要分手的架。双方都不愿意示弱，精神也陷入低谷。失恋吃不下饭，虽然现在想想失恋吃不下饭的人太幼稚，但当时真的是茶饭不思。

身体和精神的双重折磨，让我在暑假结束后，体重回到100斤。整个过程很魔幻，就像吹气球一样，吹起来针一戳便破了。当然，这样的经历，实在太特殊。我并不建议通过这样极端的方式减肥，因为个中滋味，实在非常痛苦。

其实，大学时认真学习，认真做事，认真恋爱，认真减肥，每一件事都能让你收获良多。我很感激我从大三开始，有了正式稳定的工作。因为我来到腾讯体育，我的工作不允许我继续"放浪形骸"，那样球迷不答应，老板也会开除我。

128斤，成为永远的过去式。每个人，都有太多不愿回首的时光。但是浪子回头金不换，就如我自己一样。我时常在用128的梗鞭笞自己。不是说胖不好，只是想说，要根据自己的条件决定一切。我是个主持人，我的形象，不能毫无顾忌。其实所有的工作性质都一样，如果你是探险家，那么你必然要有一个更为强健的身体；如果你是一个歌手，那么你不能一直与酒精相伴。

我们要用自己的行动，保护自己的羽毛。

800，如影随形

大学生活是一个逐渐成长的过程。在大学除了参加社团活动之外，很多人从大一开始会接触一些兼职，勤工俭学，改善自己的生活。对于我这样一个"放养娃"来说，更希望早早彻底摆脱对家庭的依赖。我从大三正式开始实习，但其实在大一，我便赚到人生中"第一桶金"。

作为播音主持专业的学生，其实有很多兼职可以做，很多"外快"可以赚。比如，我们可以去配音。我们专业不少同学，经常在宿舍给一些公司做宣传配音，当时条件比较简陋，拿着一个话筒在宿舍没人的时候配音，对方根据时长给你报酬。

当然，也可以去接一些校内外的商业主持活动。而我更喜欢当主持人，而不是在话筒前给别人配音。我觉得做主持人才是自己的梦想，可以更好地帮助我提升专业水准，增强专业素质。当然，那时候不会有这么高的境界，主要还是做主持比配音给的钱多。当时的我，

为五斗米折腰，毕竟那时候，吃的开销很大。

我非常清楚地记得自己人生中第一份兼职。当时我还在上大一，一个北京交通大学的同学，在聊天时告诉我们，他们学校一个礼堂里的会议需要几个女生，到现场作为主持人帮他们介绍会议上产品的特性，她说难度不大报酬也不错，所以我们鼓起勇气就去了。

作为19岁的小姑娘，我当时完全没有底气，非常怀疑自己能不能干好。毕竟我还只是一名大一的学生，当时在学校里学到的功夫，只能算是略有皮毛。

但从小养成的大胆和外向的个性，总算还是支撑我有惊无险地完成了这份工作。在主持过程中，我一度紧张到忘词，好在同行的小伙伴非常机智地用手势提醒我。当回到后台后，我激动地拉着小伙伴的手，可谓是感激涕零。时至今日，我还对这个小伙伴的提醒，记忆犹新。因为她的一个小动作，影响了我的人生一大步。

在后面的过程中，我慢慢克服紧张情绪，因为每当我介绍完毕之后，现场都会响起掌声，算是圆满完成任务。那次，我们宿舍四个女生去参加这个活动，活动结束每个人给了800元现金。到现在我还很清楚地记得，那笔钱被装在一个黄色的小信封里给我们。人生中的第一桶金，就这样到手了。

800元，不是什么大数目。但是对于我来说，意义非凡不足以形容。我感觉，那八张人民币，都是崭新崭新的，仿佛我的人生开启了新篇章。

我不再是一个饭来张口、衣来伸手的人了，我可以靠自己养活自己。拿到那800块钱，我们四个人立刻就去小吃街痛痛快快大吃了一顿。

那顿饭的场景，现在想起来恍如昨日。在饭桌上，我还不断想

起在台上忘词的瞬间，一次次感谢小伙伴，后面连她都感觉有些不好意思了。有了第一次成功的经验，我胆子也就越来越大，于是我慢慢开始独自去接一些活动。

前文说过，当时的我非常懒惰，早晨的时间几乎没有练习发声。但是，我通过参加这些活动来"练声"，也算让自己有了提升。

我也曾在开心麻花剧院坚持过一段时间，做即兴的节目。这非常适合我，我也做得很开心。在作为小主持人的过程中，我逐渐积累了主持经验，也磨炼了自己在舞台上的表现力。

做兼职活动除了改善生活之外，还有一个很大的好处，就是可以丰富自己的阅历。到了大二、大三，这些活动越来越多，包括学校要求强制性参加的一些实习，或者说是有一些招聘的机会来到学校里，你就会开始有心理压力。但有了之前的兼职经历，很容易就脱颖而出。

所以，朋友们，在大学，一定要早点行动，早点实践。

熟能生巧，对于一名主持人来说，更是如此。当我主持的次数多了，就像现在我做直播就和我每天吃饭一样，完全不会觉得紧张了。每当这时候，我就会想起自己人生中接到的第一个装着800元

钱的信封，想起那次在北京交通大学礼堂所做的活动。我心怀感激，是它开启了我的"职业生涯"。

如今，在腾讯的这几年时间，从一开始的战战兢兢，到现在只有重大比赛的直播，才会让我产生一些紧张感。但这并不是传统意义上的紧张，这份紧张是我对工作的敬畏，也是比赛热烈的气氛，平添的一丝紧张感。

记得前些年，公司都会派出前方报道团现场解说、报道总决赛，当时杨毅老师、柯凡他们也都会被现场球迷高涨的情绪感染。而我在演播室，听到现场的呐喊声，这种感觉和柯凡他们是一样的。但随着比赛的深入，当全身心投入到直播过程中，紧张感也就慢慢消失了。

所以，大学时走向社会很有必要。即便从大一开始就立志考研，大学时光依然会给予你足够的私人空间和时间。而兼职，是大学生最开始接触外面世界的一个窗口。除了获得报酬，更关键的是收获经历。不管这样的经历对你的未来是否有用，但探索未知的过程，永远都是令人回味的。

大学时光，我的学生生涯，就这样画上了终点。我告别了这一生命中最快乐的角色，迎接更多未知的挑战。而我，已经准备好了。

青葱岁月

YOUTH

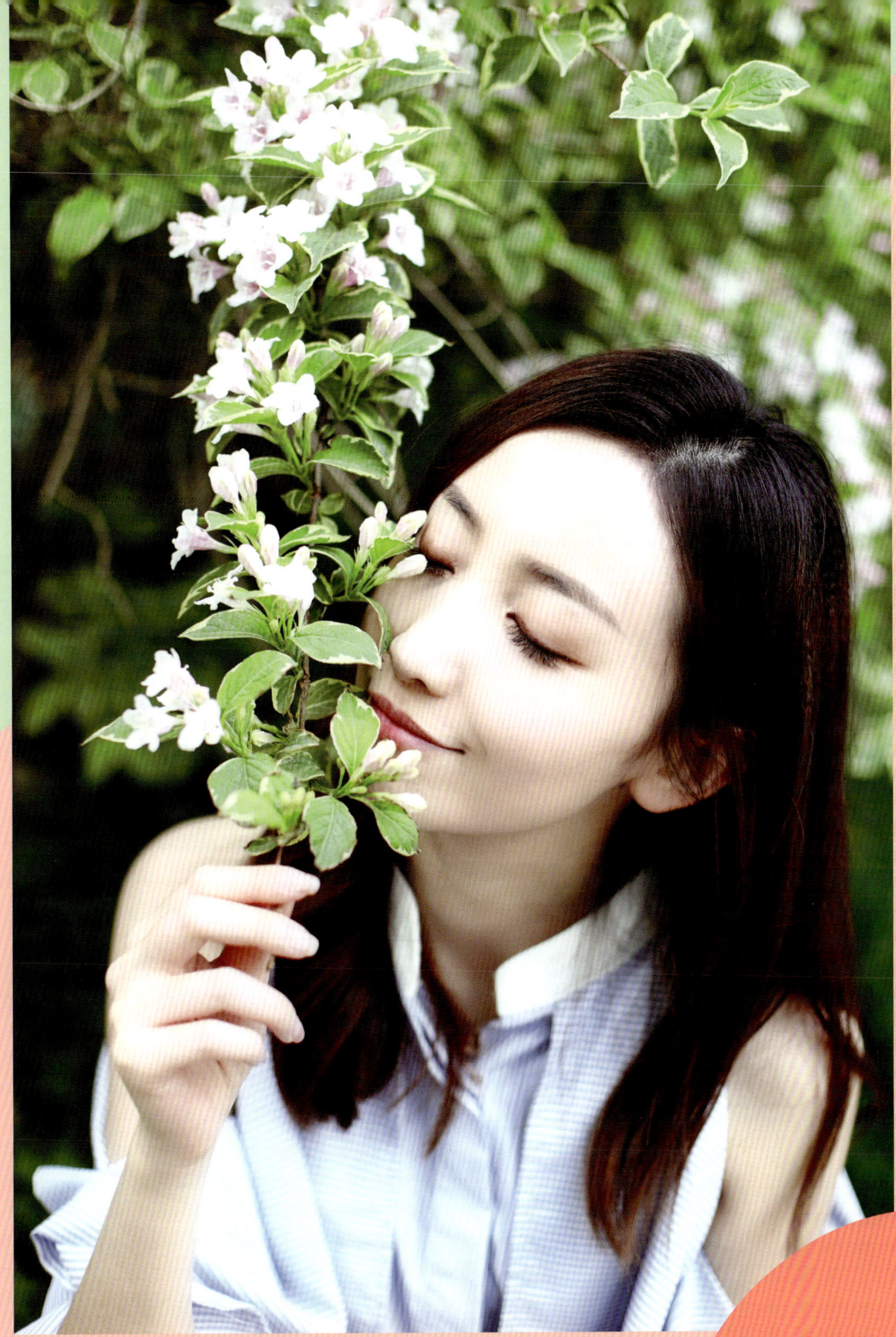

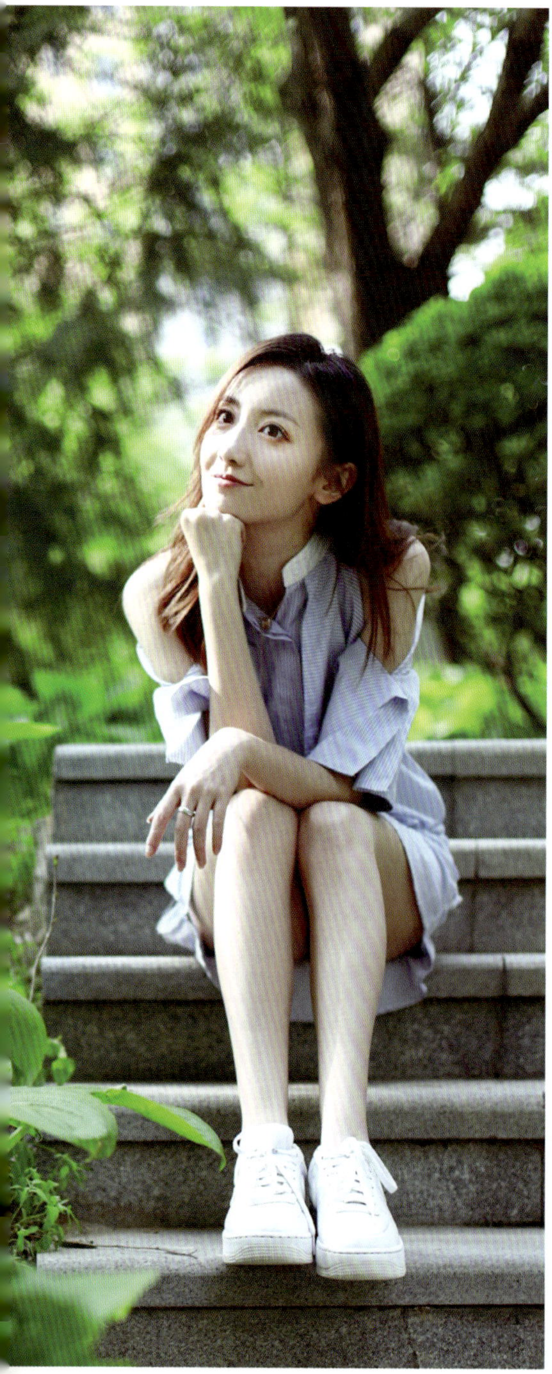
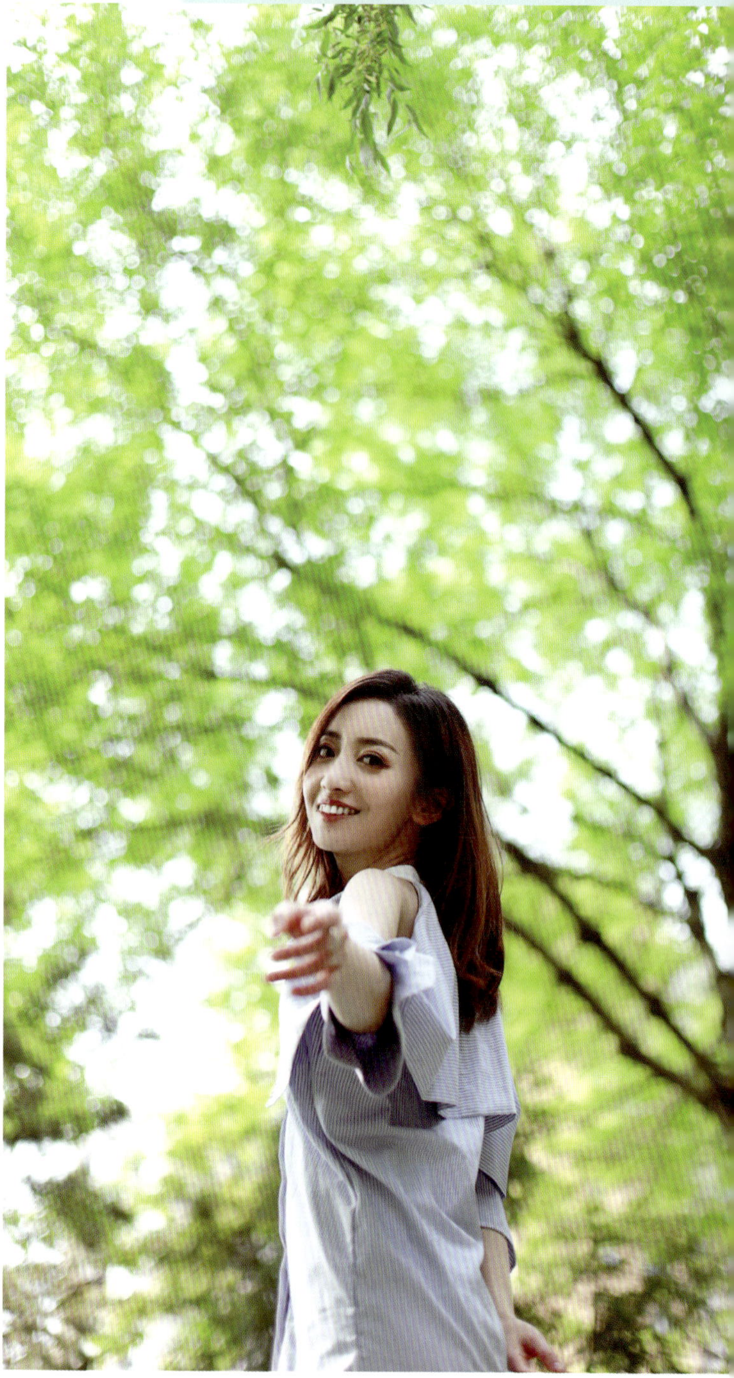

阅 读 人 生

岁月如歌

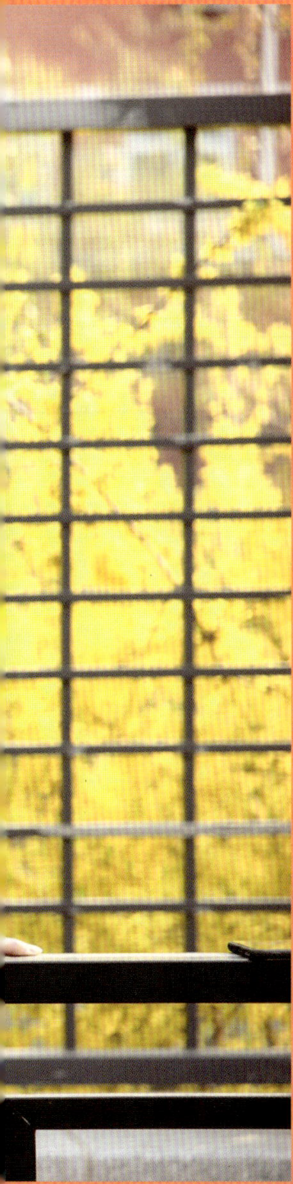
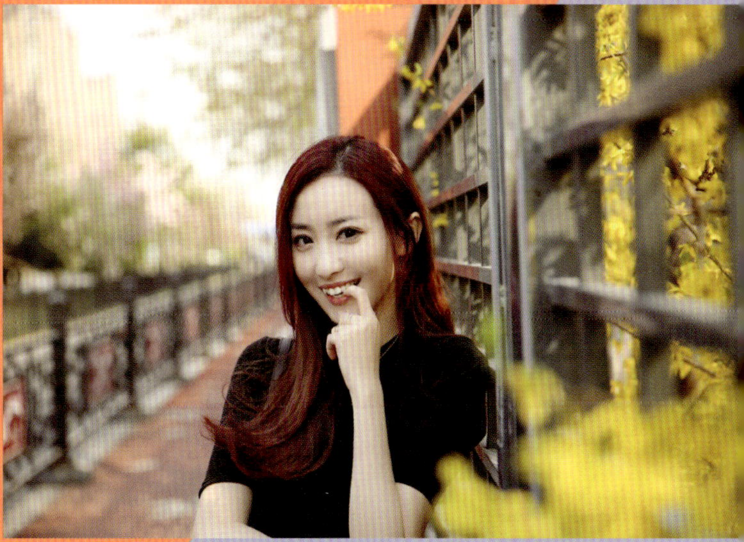
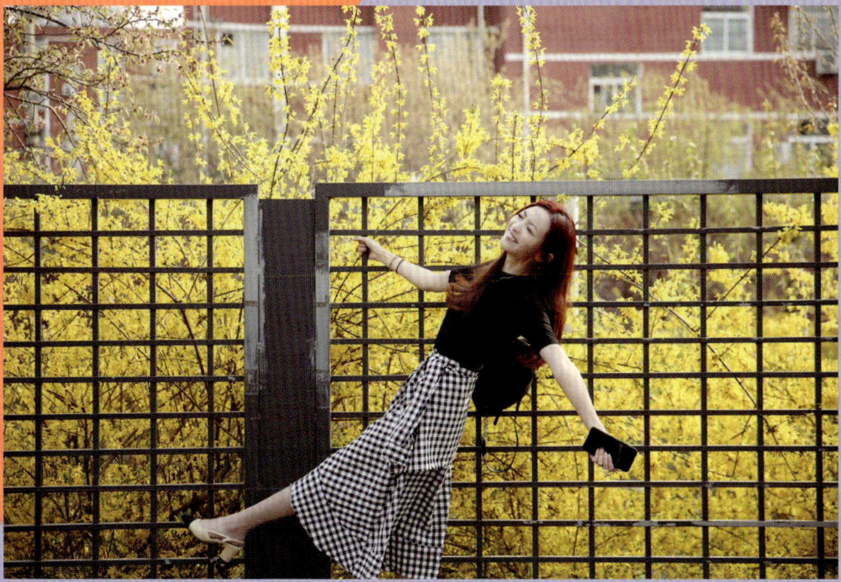

我的篮球世界

送给斯蒂芬·库里

  他曾经带领一支球队连续五年杀入总决赛，并且三次夺冠，连续两年拿到常规赛MVP（最有价值球员）的荣誉，而且还是NBA历史上唯一一位全票的MVP。你以为这说的是迈克尔·乔丹这位上古大神？错了，这是勇士队的当家球星斯蒂芬·库里。有人说他是划时代的巨星，有人说他开创了NBA的"三分时代"……无论怎样的赞誉，库里都当之无愧。

送给凯尔·库兹马

  四年前的NBA选秀,你加盟了湖人队,后来我们发现你竟然是又帅又能打。2019—2020赛季,你和詹皇一起带领球队夺得总冠军,让湖人队球迷再次品尝到巅峰的滋味。只可惜四年合同到期,湖人队将你交易到了奇才队,虽然已经注定将是球场上的对手,但还是要祝你未来一切顺利,并盼着你重新回到湖人队的那一天。

我的篮球世界

我的篮球世界

送给"字母哥"(扬尼斯·阿德托昆博)

14岁之前的你还是一名足球运动员,但绿茵梦想折戟之后,你又转战篮球场。事实证明,篮球才是你天生的归宿,才是你才华的所在,从希乙联赛到西班牙篮球联盟,再到2013年被雄鹿队选中,今年又在NBA总决赛带领雄鹿队战胜太阳队拿到总冠军,你不但是"字母哥",而且更是篮球场上的"励志哥"。

送给科怀·伦纳德

你17岁的时候,从小训练你篮球技能的父亲被谋杀身亡。或许是为了怀念父亲,或许是为了忘记伤痛,篮球成了你"发泄"的最佳选择,但这也成就了你的传奇。两次NBA总冠军以及总决赛MVP,你已经足以跨入顶级球星的行列。相信父亲的在天之灵会护佑着你,让你在篮球场上取得更高的成就。

我的篮球世界

第三章

我的
多扇窗

人的生活离不开友谊，但要得到真正的友谊是不容易的；友谊总需要用忠诚去播种，用热情去灌溉，用原则去培养，用谅解去护理——马克思。

一个偶然的机会，我看到了马克思说的这段话。我很幸运，一路走来，有很多知心朋友对我不离不弃。

从初中到高中，从大学到职场，人生的每个阶段，都让我遇到交心的朋友。

有高中时和我一起玩耍、畅谈人生理想的知心好友；有大学时彼此安慰、真诚以待的宿舍姐妹；还有工作后，遇到的小七、美娜以及每一个前辈，当然还有那些可爱的粉丝们。

如果说，有没有一扇窗，能让你不绝望？

有没有一种爱，能让你不受伤？

我想答案，就是朋友。

朋友，就如同，那一个让我记住一辈子的手势，我永远不会忘怀。

朋友，就好似，我每次下播之后，微信粉丝群里，那一句，"姐，你今天很漂亮。"

朋友，就这样，我失恋了，给我一个肩膀靠一靠。

因此学习、成长、工作中，除了我幸福的家庭之外，朋友们给予我太多、太多、太多。

你不得不承认，在年龄的增长中，有些朋友与我的交集已经越来越小，我们联系的次数也不再那么频繁，但我永远不会忘记那份友谊，那份美好。它就像封存的美酒，历久弥新，他日重逢时，必是一坛佳酿，何不喝个一醉方休？

你又不得不感慨，在时光的流逝中，有些朋友他已经远走他乡,不在你身边。但是不经意间,你看到自己的朋友圈,有他的一个点赞。于是乎,那一晚,你们又聊到了太阳醒来。

不禁感叹,莫愁前路无知己,天下谁人不识君。

感谢人生路上遇到的知己和朋友,我以有你们的陪伴为荣。

我的多扇窗,永不关闭。

那些贵人

（一）

你身边有一个这样的朋友吗？无论你做什么事情，他都无条件地支持你，而且给你一种莫名的自信。有时候，他是绝对的损友，但是他却在某一刻，就是你前行的最大动力。

小时候，那条长长的河沟，你眼看着跳不过，他说，跳吧，你没有问题！然后，你回家挨了一顿妈妈的痛骂，因为你的一只鞋子已经不知所踪。

教室里，那一个对你难于登天的问题，他却对老师说，你会！然后，你在大大的黑板上，只留下了粉笔点缀的"繁星点点"！

憧憬中，那一个对你可望而不可即的梦想，他却站起来高喊，"去吧，你没有问题的。你一定可以做到的，这对于你来说，有什么难度呢？"此时，他是多么的真诚。

很幸运，我就有一个这样的朋友。

当初我走上播音主持和艺考这条路，父母起初的反对，让我几乎有些动摇。我不知何去何从，甚至迷失了方向。

于是，我的高中密友上线了。作为男孩子性格的我，他是我那时候最好的玩伴，如今也是我的"铁哥们儿"。我们上学时，因为学习和作业的问题，没少挨老师的批评。当我和他说起我要艺考的想法时，他直接肯定地告诉我，"这个非常适合你！"

猜猜哪个是我

他一直在我身边给我加油打气，说出了不知道多少个理由，让我一定要去做这件事，他认为我天生就适合走播音主持这条路，也具备走这条路的优势。

有一次，我们在晚自习的时候聊天，谈人生的理想，说不远的未来。他是一个非常乐观的人，而且那一次，我也是头一次，觉得他那么正经的跟我谈理想，谈未来。他再次鼓励我坚持自己的决定，他说梦想没有遥不可及，只有你愿不愿意去做。当时我总觉得，他这是从哪里看来的心灵鸡汤啊。

然而他的情绪却感染了我。

于是，我下定决心，与其纠结太多，不如坚持到底。最终，我毅然决然地选择了这条路，并通过艺考叩开了中国传媒大学的校门。然后从我成为NBA主播，再到写这本书，这一切或许都是因为他的一次鼓励。

或许他的鼓励和支持，不能起决定作用，但是蝴蝶效应下，我真的很感激当初他的认可。

现在，我和这位"铁哥们儿"聊天时，还经常提起当初的往事。我还会偶尔问起，为什么他觉得我能实现梦想呢？

他说："是直觉吧，也是对当时的你最大的认可。"

说实在的，我不太理解他的话。但是我又觉得他说得很有道理。我很幸运，在高中遇到这样一位"贵人"。也很幸运，他给了我生活中最真挚的一份友情。

（二）

当你从一个熟悉的环境到一个陌生的地方，难免出现水土不服。对于我们这个专业来说更是如此，大一时播音系的不少女生都有退学的念头，因为巨大的落差让她们非常不适应。原本，大家在自己的家乡，可谓是出类拔萃、众星捧月。但来到这里，大家都是漂亮姑娘，原本自己的优势瞬间化为乌有。

因此当我从陕西来到北京的时候,我做好了很多坏的打算。然而这一切是我多虑了,因为我来到了一个充满爱、充满欢声笑语的地方。这个地方,确切的说不算大,十几平方米的样子,甚至有些拥挤,这就是我的宿舍。而这里面,有我大学最好的三份陪伴。

其实,当我们第一次来到大学的时候,很多同学也是第一次聚在一起,过宿舍的集体生活,磕磕碰碰不可避免。在一些宿舍发生过非常不和谐的事情,甚至有极为激烈的吵架事件发生,甚至惊动了学校。遇到这样的情况,只能通过换宿舍解决。因此不管是心理上或是生活环境上,很多人会产生微妙的心理变化。

然而我却非常幸运,因为我们的宿舍非常和谐平静。我们宿舍的几个姑娘,现在依旧是我很好的朋友,基本上每周都会有联络。大

我和大学舍友

学四年下来，我们宿舍虽然偶尔也会有小吵小闹，但是从来没有经历"大风大浪"的日子。

到现在我依稀记得，那些我们一起侃侃而谈的深夜，不聊到凌晨三四点，仿佛对不起我们的专业。

到现在我也记得，我们一起在宿舍吃了那么多顿火锅，讨论了那么多帅哥，骂了那么多"渣男"。

到现在我也记得，可爱的珈翊，永远像小妹妹一样黏着我，跨在我胳膊上，小鸟依人的样子。

随和的安琪，无论我做什么她都会站在我身后支持我，给予我最大的鼓励和支持。当然她对其他伙伴也是如此。

乐观的嘉欣，每天都是充满正能量的小陀螺，随时随地都在给低沉郁闷的小伙伴打气。她就是我们的开心果，时时刻刻都想拥有。

如果你的寝室，有这样的三个小伙伴，那真是一个快乐的大学时光。

在这里我想说的是，我们从天南海北，汇聚到一个大学寝室，这就是一种天注定的缘分。我们都应该彼此珍惜这段时光，真诚对待对方。

在大学校园遇到她们，是我的幸运。她们也是我生命中的"贵人"。

（三）

提到贵人，柯凡是一个绕不开的名字，或许他自己都不知道。柯老师来到公司很早，他从事篮球解说也已经十多年，是不折不扣的前辈。

在我来到腾讯工作之前，还发生了一段小插曲。当时我参加完女主播初试，需要等腾讯方面的复试消息。有一天，我正在宿舍玩游戏，突然有陌生号码给我打了电话，我想都没想直接挂断。很快这个号码又打电话过来，我还是挂了。

打完游戏，我发现收到一条短信。短信上写道：我是柯凡，不知道为什么你老是挂我电话。但是我要告诉你，下个礼拜来腾讯体育参加复试。我当时心里咯噔一下，心想这下完了。我也没好意思再给他打回去，所以我就短信上回了他一个：好的。

不知道是不是这个插曲，让我在柯凡眼中一开始就留下了不好的印象。事实上，柯凡一开始对我确实并不关注，甚至可以说非常不喜欢我。最初面试时，柯凡认为我大大咧咧的性格，可能并不适合主播工作。当然，最后阴差阳错，我成了他的同事。

最早在一起搭配工作时，他似乎没有给我太多的耐心，或者他给了我耐心，可我依然没有呈现到完美状态。因此柯凡也不会给我面子，对我就非常冷淡，甚至不屑。

Cleveland
Cav

职场中最害怕的，往往就是冷暴力，尤其是你的前辈或者搭档。如果长此以往，我觉得我很快就会离开自己的工作岗位。因此，我觉得我必须抓住机会。所以，在之后的一些工作中甚至下班时间段，我都会对自己工作中出现的问题做总结，也会恶补一些专业知识，甚至还主动找柯凡向他请教。

对我不冷不热一段时间之后，柯凡也发现了我对他有一些恐惧。柯凡这个人其实心地非常善良，他对于我的成见，也许真的只是因为对于我工作能力的质疑。但随着时间的推移，他也看到了我的努力。

在一起搭档直播一场CBA（中国职业篮球联赛）比赛之后，柯凡突然给我发微信，让我在化妆间等他一下再回家，他有话要和我说。我有些不知所措，难道我又错了？

柯凡在化妆间和我说，他发现了我的进步，而且认为我在这段时间真的非常努力。他还主动表示，我可以做得更好，并且指出我还有哪些地方能改进。那天，柯凡和我谈话的时间并不算太长，但对我来说，却像是冬日里的一缕阳光。我知道，我跨过了职业生涯中的又一个坎。

在这里，我也想用自己小小的人生经验告诉大家，职场中面对的每个人都是有血有肉的，而且大部分人都是善良的。只要你努力，即便一个原来并不怎么喜欢你的人，也可能会被你打动。但所有的这一切，都建立在你的努力之上。

人与人之间的相处不简单，但也并不复杂。诚心，是一切美好相遇的开始。只要我们用心去经营，往往能够收到美好的果实。对于我来说，与柯凡成为朋友的过程，会是令人受益终身的财富。

文笔有限，我不知道该如何将所有的人写到书里，但是借此机会，我要感激所有帮助我的人。

亲密战友

是时候，写一写，我的"战友"了！

"长江以北，小七最美"！这是七姐粉丝给七姐量身定做的口号。后来七姐也经常挂在嘴边，当然，她也完全配得上。

在主播这个领域，小七是我的前辈、师姐。从我第一面见她起，我就称呼她为七姐。而当我第一次见她，我就被她的美貌打动了。世间还有如此动人的姑娘，水灵灵的，可惜我不是个男孩，不然我想我也会拜倒在她的石榴裙下。

和七姐，从相识到熟悉，再到成为好闺蜜，一切都那么顺其自然。

我和她都是来自中国传媒大学。传媒大学有一个心照不宣的规矩，在你和师哥、师姐沟通时，哪怕只相差一级，"长幼"也泾渭分明。我们见到师姐，都是喊一声"师姐好"。

不过，和小七之间的故事并不那么一帆风顺。我们一度出现很大的误会。我刚来腾讯体育时，并不是特别熟悉她，她不笑时比较高冷，给人冰山美人的感觉。

刚开始我们在一起开会，因为是正式场合，七姐就有那种"高冷范儿"。所以我就疑惑，她为什么对我总没有好脸？有一天，老板问我工作那么久，有没有不习惯的地方。于是我说七姐看起来好像有些高冷。老板问小七有对你甩脸子吗？我说倒也没有，但总觉得她在瞪我。

这其实也并不是告状，只是有点疑惑。而且由于刚进入职场，有些话根本没有过脑子，只是随口就说了出来。于是领导去找小七，问她是不是对我有什么意见。小七这时候就有些不爽了。

于是七姐气冲冲地找我来了。质问我："佳依，你还跑去打小报告？"

于是，我们俩之间就产生了很大的误会。

但神奇的是，后来我们俩逐渐变成了无话不谈的好朋友。除了逐渐熟悉对方性格，一次出差的经历，也成为"转折点"。一次超级企

七姐和我的
浪漫回忆

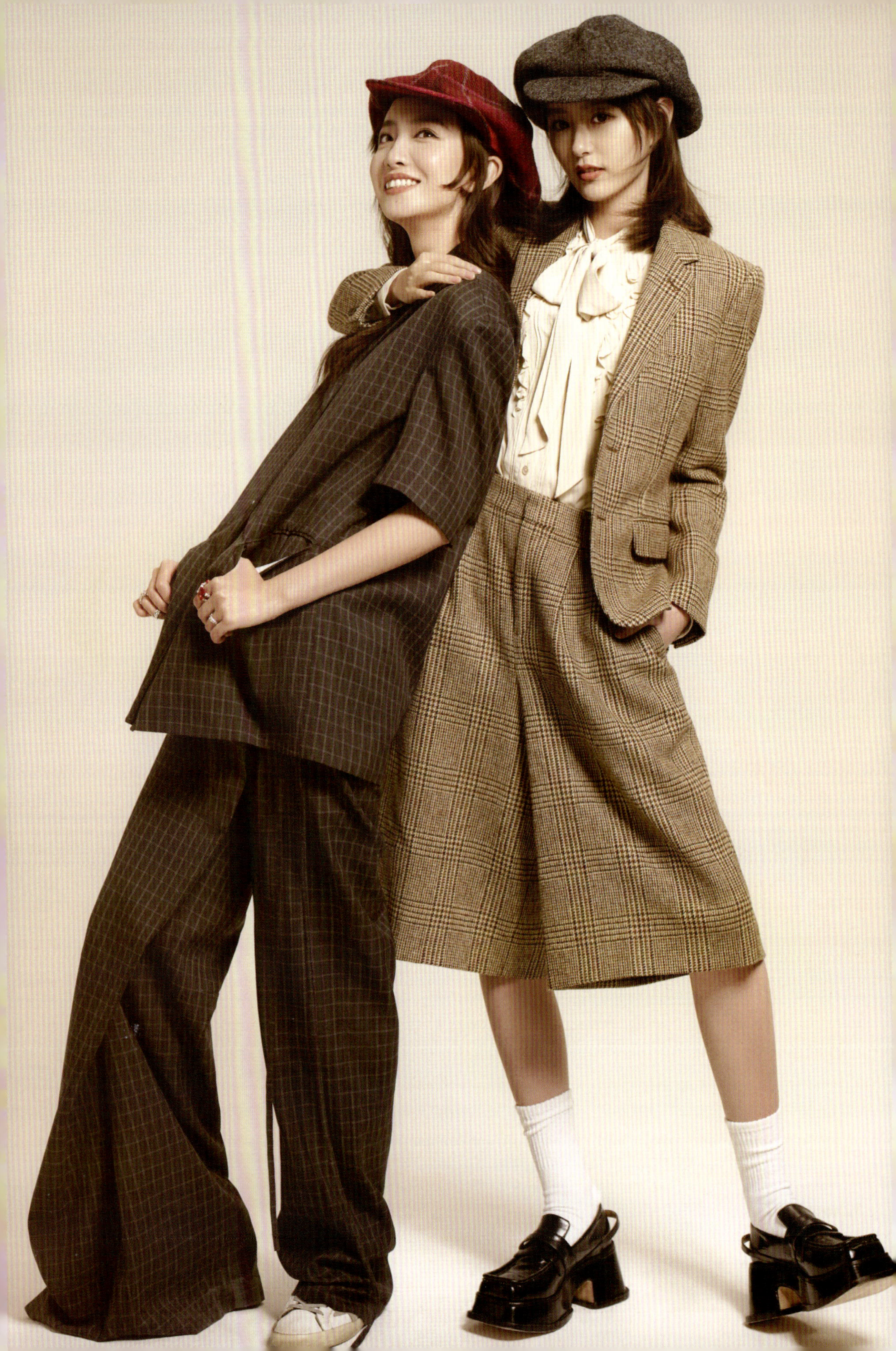

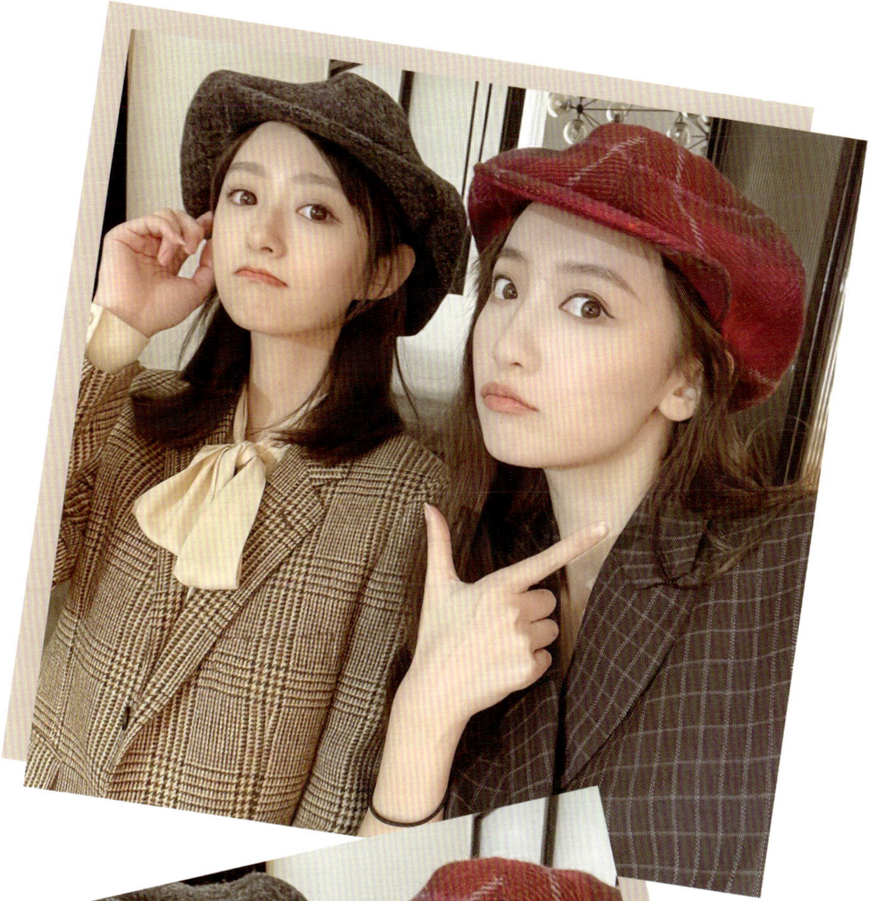
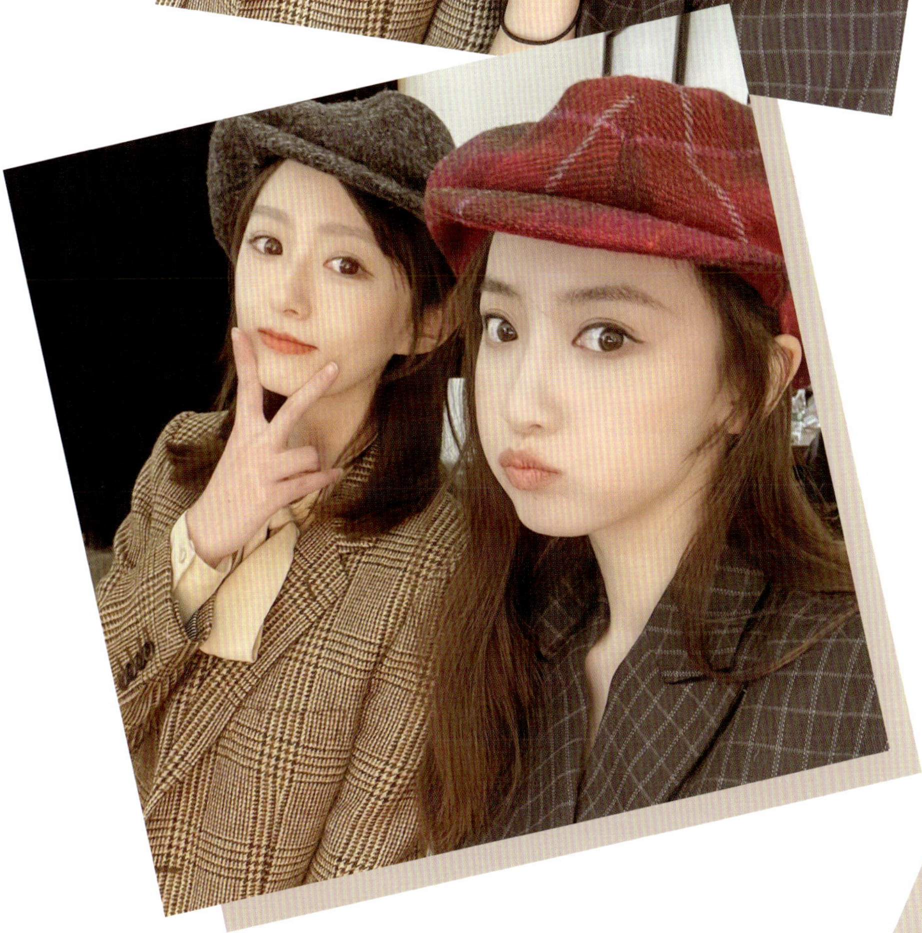

鹅在上海举办一个活动，我跟七姐一起去出差。那段时间，我们天天待在一起。在忙完公事之后，我们一起去欢乐谷放松。

欢乐谷里有一个鬼屋，在鬼屋里七姐非常害怕。而我作为一头"西北狼"，哪能被这些玩意儿给镇住呢？于是，我便装模作样地一直在跟鬼沟通交涉，我说："鬼大哥你别吓七姐了，我们有心脏病的，你喝水吗鬼大哥？"

小七原先很害怕，听到我这些话，一下笑出声了。自从那次经历之后，小七觉得我不像是会打小报告的人。接触得越多，我们之间的交流也越多。在充分的沟通之后，我们冰释前嫌，感情也更加深厚。

七姐还有一个爱好，喜欢给人起外号，"西北狼"这三个字，就是她赐予我的。而美娜是东北人，于是被叫"东北虎"。不得不说，小七的外号还挺贴切。至少对我是如此。

下面就要说娜姐了。

我们每个主播，都有自己的喜好和性格特点，果果说话很机智，小七非常甜美动人，我可能就是比较亲切，交流感很强。那么娜姐的特点是憨憨的，非常可爱，而且是一个很拼搏，事业心很强的人。

娜姐是詹姆斯的粉丝，粉丝们亲切地称呼她为最美詹蜜。而娜姐确实也是如此，从认识美娜的那一刻起，她的性格就深深吸引了我。

永远是那么可爱，那么傻傻地笑着，酒窝都可以醉人。关键娜姐有一个不平凡的气场，让人欲罢不能。

我深刻记得，我头几次站在演播室是怎样的紧张心态。但是娜姐却从一开始,就悠然自若,轻车熟路。

而且娜姐的侃侃而谈,让人记忆深刻。她与同事、与粉丝之间的沟通,总是有太多的欢声笑语,而且这些给予我很大的帮助,她教会我太多。

我和七姐,在平时的工作之外,其实算是比较懒惰的,除了玩。但是娜姐又不一样,她时刻都停不下来,仿佛一个全能战士。

去拍戏、上综艺、甚至有自己的服装品牌,时刻停不下来。

我有一次好奇地问她:"你不累吗?"

她笑着说:"忙碌使我快乐。"

其实静下来想想,娜姐说得很正确。因为娜姐的影响,我在潜移默化之中,也开始变得忙碌起来,做了更多有意义的事情。

其实七姐和娜姐,就是我如今工作中最好的朋友之一,她们这扇窗,让我在自己的工作中,不至于"中暑"。当然还有很多好姐妹,比如果果、楠姐等,最美的你们,大大的感谢。

之前,看到过一句话,同窗和战友之情,是两份让人随时都会流泪的感情。那么七姐、娜姐等都是我最珍贵的"战友"。

娜姐教会我很多

恩怨情仇

腾讯体育聚集了很多球迷，让大家能成为朋友。这里有最高水平的竞技篮球，也拥有最热烈的篮球氛围，球迷欣赏篮球场上点点滴滴，其实球迷本身也成为篮球文化重要的一部分。而对于女主播来说，球迷的重要性其实更大。因为女主播本身就是更好地为球迷服务，这个角色不同于解说员和嘉宾，女主播可以不用对篮球太专业，但对待球迷必须专业。

因此，与球迷之间，我们上演了太多的"恩怨情仇"！

众所周知的是，我是湖人队的粉丝，我是科比的死忠球迷。

在科比退役之后，湖人队经历低谷，而我就是在那时候成为NBA主播。在湖人队低谷的时候，我的声音，也算是一种引导，湖蜜们能听见我的声音，很多低调的湖人队球迷也就聚集起来。他们发现原来还有那么多人跟我一样，一直在支持湖人队，等待着湖人队重新崛起的那一天。

我们陪着这支队继续成长，给彼此安慰，度过那段最艰难的时光。

也就是在这一段时间内，我有了自己的第一批粉丝，他们陪我欢声笑语，陪我度过每一场湖人队的比赛。尤其是，当我去主持这一场比赛的时候，他们就是我最大最坚强的后盾。但是那时候，湖人队的战绩确实糟糕，我们常说的一句话，就是"输了一起扛"，然后还会戏谑地喊出那句口号，"湖人总冠军"！

守得云开见月明。后来，詹姆斯来了，湖人队重新成为联盟的焦点，而我也有了更多的粉丝。当2020年，湖人队时隔七年重返季后赛，且最终捧起奥布莱恩杯的时候，我简直泪流满面。上一次湖人队打进季后赛，还是七年前的2012—2013赛季，那年还是科比赌上整个职业生涯，才实现带队进季后赛的承诺。七年了，我终于可以在季后赛看到自己支持的主队，"湖人总冠军"这句口号，再也不是幻想，而是真真正正发生的事情！

当然在这段复苏的岁月中，科比永远地离开了我们……关于科比的文字，我想放在后面书写。

当詹姆斯来到湖人队，队伍的关注度重新成为第一，湖人队的球迷也瞬间暴涨。有跟随詹姆斯来到湖人队的球迷，当然也有一些球迷纯粹是看热闹的。这个阶段，关于湖人队的一切，都是他们热议的焦点。当然也包括我，这个力挺湖人队的女主播。我的一言一行，都有可能被无限放大，成为球迷争论、甚至谩骂的焦点。

因此每逢湖人队的比赛，一部分对手的球迷，就在弹幕中不停地说，让我保持中立，让我不要那么地偏袒湖人队。

于是我和他们解释，我说我的确是一个主持人，但是我主持的内容和解说员不一样，我的工作就是引导着球迷一块看球，以一个球迷的姿态看球。但是依然有很多人不能理解，批评你不懂球，好像支持湖人队就是想蹭湖人队的热度。

有时候，看到这样的质疑，我真的很委屈，毕竟我不能去让所有的人改变观点。我相信，我们所有的人在现实生活中也是如此，我们总是在经历着各种非议，然而又无能为力。我们所有女主播都被骂过，"好丑""花瓶"等等字眼，还是比较容易接受的。当我直播湖人队比赛，有一定的热度之后，就有一些"黑粉"来骂我，"你这么丑，还有脸播比赛？""什么都不懂，就在那站着""你的存在意义还不如花瓶"。

这些言论，或许是球迷发泄的出口，因为他们支持的球队输了，也或许确实是我做得不够好。

没入行时，我甚至都不能理解，为什么根本不认识的陌生人，会对我有这么大的敌意，说那么难听的话？

所以一开始很接受不了，于是我会做很多回应，不但身体累，精神也特别崩溃。还有一些极端球迷在我微博底下漫骂，说一些特别伤害我的话，我当时都会愤怒地骂回去。

但是久而久之，我慢慢释然了。你永远叫不醒一个装睡的人，他再怎么说，也影响不到我的生活，我该怎么做就怎么做。我只要做到问心无愧，就已经足够。你也影响不了我变得越来越好，你们爱怎么谩骂就怎么谩骂吧。

更何况，我还有那么多热爱我的粉丝呢！

科比曾说过一句非常出名的话："有多少人爱我，就有多少人恨我。"对爱你的人，你当然应该付出自己的真心。而对于那些不喜欢你的人，如果你努力了，又何必去在意他们说了什么，做了什么？说到底，我们是活在不同世界的人。

每个人的职业不同，你不可能让所有人喜欢你的职业。更何况，我们做的是体育行业，这个本身就有竞技属性的行业呢！

谢谢，亲爱的

我能成为NBA主持人，其实已经足够幸运。而我也在努力着实现岗位上的进步。最让我开心的事情就是因为这个工作的身份，我收获了一批粉丝，确切地说，应该是一群可爱的朋友，他们给予我最大的支持，以及时刻的关怀，都温暖了我的心。

每一位粉丝，他们做的每一件事，我都默默地记在心里，且笑在脸上。我何德何能，能有一群这样可爱的朋友啊？书中的文字有限，我只希望借此机会，感谢每一位支持我的人，谢谢你们。

晓琳（化名）是我高中的校友，很遗憾上学的时候，我与她并不相识。但是因为我NBA主播的身份，她与我再次相遇了。晓琳通过私信告诉我，很喜欢我的直播，也因为我更加支持湖人队。

其实这段缘分的奇妙，不是晓琳成为我的粉丝，而是因为我们曾经错过了校园那个时段，但是最终我们因为篮球相识。

晓琳是一个很有意思的女孩，我的每一场比赛直播之后，她都会和我交流一会儿。我现在每条微博、微信的状态，她都会关注。大大小小的节日，她都会为我准备一段话，给我最大的支持和鼓励。

有些生活、工作中的事情，晓琳也会和我分享。她说把我作为

榜样，希望像我一样去做自己喜欢的工作，并且闪闪发光。写到这里，我真的很开心。我觉得自己作为一个站在台前的主持人，其实希望更多的人不是关注我的外貌，而是通过我能给大家带来动力。

至少像晓琳这样，我能给予她一些前进的方向。因为篮球这个奇妙的东西，我和晓琳成为朋友。也希望我能拥有更多晓琳这样的可爱的粉丝。

老鱼，是我的一个男粉丝。我在这里也要非常地感谢他，他对我的支持，尤其是在工作方面，给了我很大的帮助。

由于时差，我直播的时间不固定，甚至有时候是凌晨。但是老鱼没有错过我的任何一场比赛，我每一场比赛的直播，老鱼都用截屏的方式，将我的一些精彩瞬间记录下来，反馈给我，并对我提出一些宝贵的意见，"佳依，你今天的穿衣风格很有气质，以后可以多穿啊""佳依，你今天篮球的这个知识点表达不正确"……诸如此类的话语，让我万分感谢。

老鱼是一个非常合格的湖人队球迷，他知道我要写书，于是送给了我和湖人队一段话：

大家好，我是老鱼，一个普通的湖人队球迷，一个传统的科比球迷。自从2019年1月那事以后我第一次重新翻开湖人队的历史，回想就是那个男人让我爱上了篮球，爱上了湖人队。对于真正的湖人队球迷不会轻易忘掉那五年的点点滴滴，超级首发"五虎"，萨基石这位毛巾饮水机管理员，一场比赛能上场的就八人去对阵骑士队，卡曼横躺板凳席，等等。那时候身边好多同学、朋友都开始关注了勇士队、热火队，湖人队QQ群越来越冷清。而我还是坚持我的湖人队，还是坚持看每一场比赛的直播。

2017年的夏天，直播室突然迎来了新面孔，虽然不知道那场是不是她的首播，但我记得她说自己是湖人队球迷。这个年纪的女孩怕是一个新湖迷吧。随后的一段时间我发现都是她主播的湖人队比赛，在直播上无论输赢，她都表现得那么乐观、可爱、有趣。可是，赛后的她总在微博为赢的祝福，为输的打气。后来有两个月吧，我才记得她叫"+1"，她风趣的直播风格也吸引了我，除了看湖人队比赛以外，还留意她的直播，几乎每次湖人队输球，在直播最后阶段她都微笑地说一句：湖人总冠军。

忍辱负重、不言放弃不就是曼巴精神的一部分。小球迷长大了要面对工作、家庭等，也迎来压力和挫折，要像老大一样永不放弃，像"+1"一样微笑面对，克服的困难越大荣耀越大，要是逃避，永远是失败者。

2018年7月，詹姆斯加盟湖人队，2020年湖人队再度捧起奥布莱恩杯，微博群、粉丝群每天过千的留言……

我们的故事还在继续，Mamba forever。

晓琳、老鱼，谢谢你们。当然所有的粉丝，我都要感谢你们。或许我没有把你们一一写出来，但是我真的很感激你们的存在。你们在微信群里热火朝天地聊天，给予我最诚恳的建议，满满的正能量。你们给予我的每一份关心和建议，我都牢牢地记在了心上。

所谓伊人，你们就是我的"伊人"！

保 持 微 笑

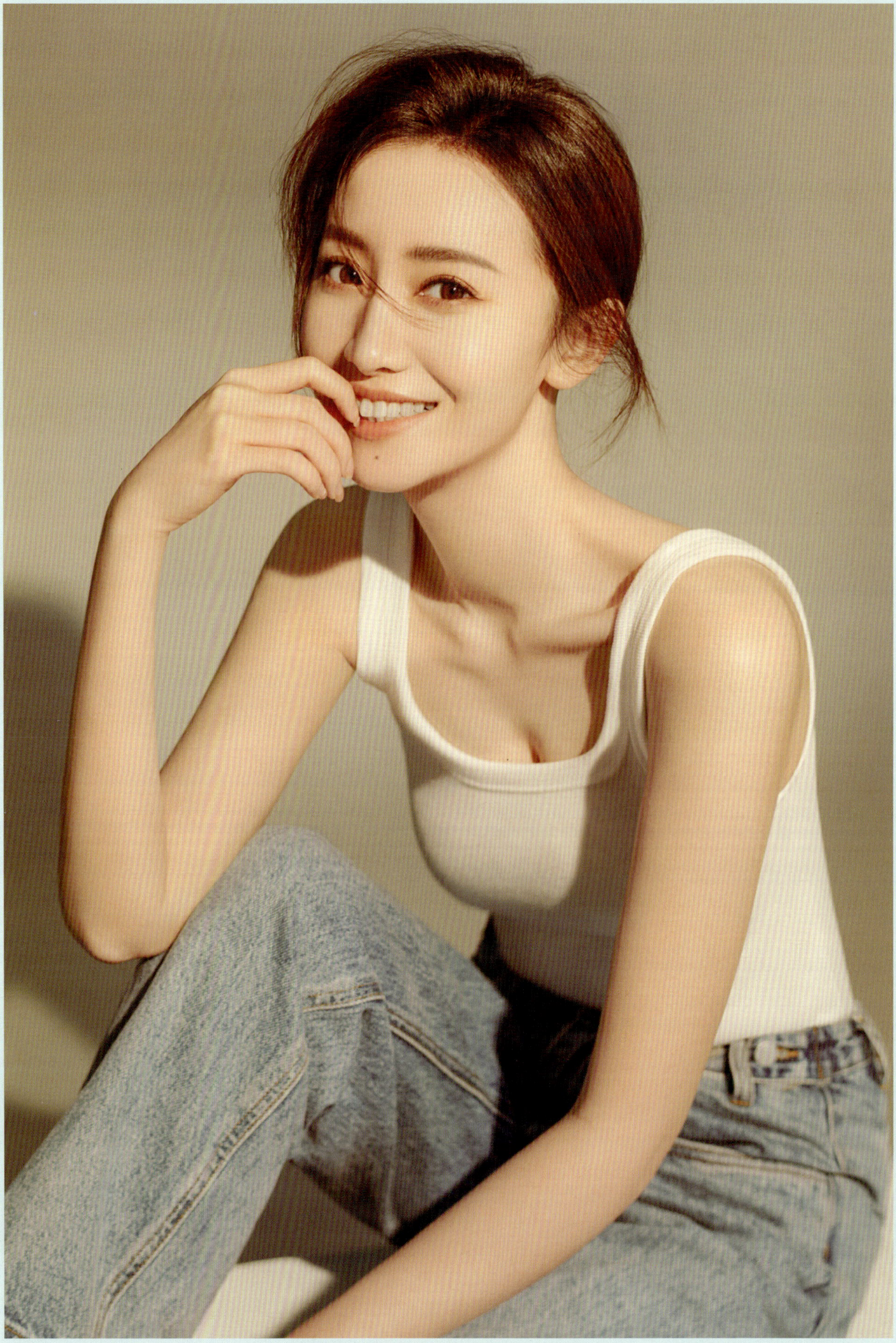

SUNSHINE

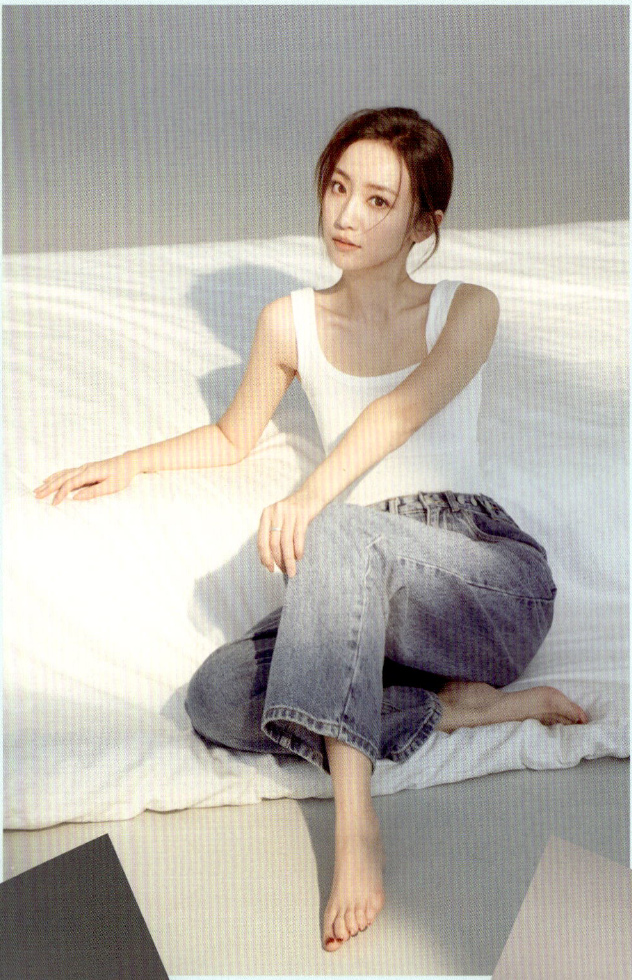
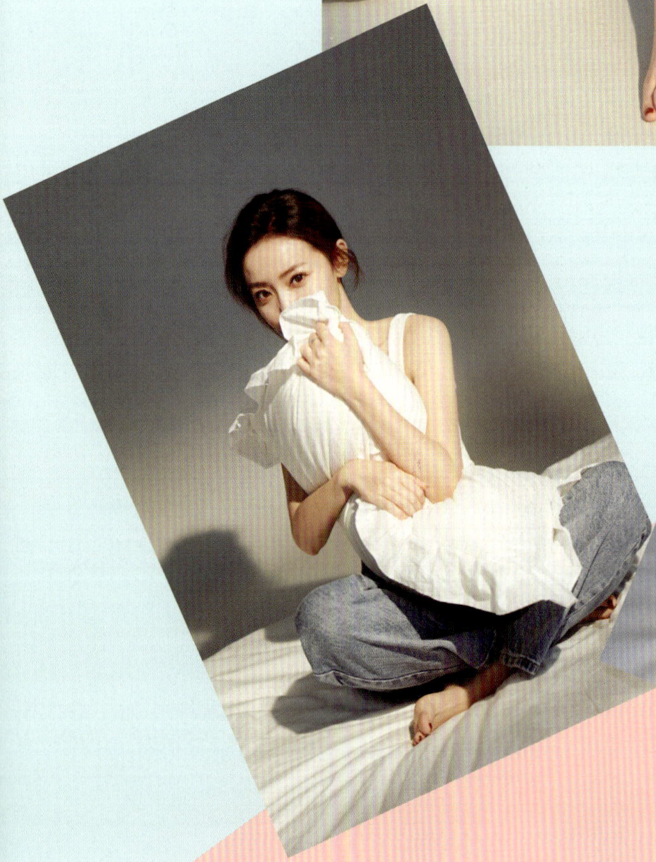
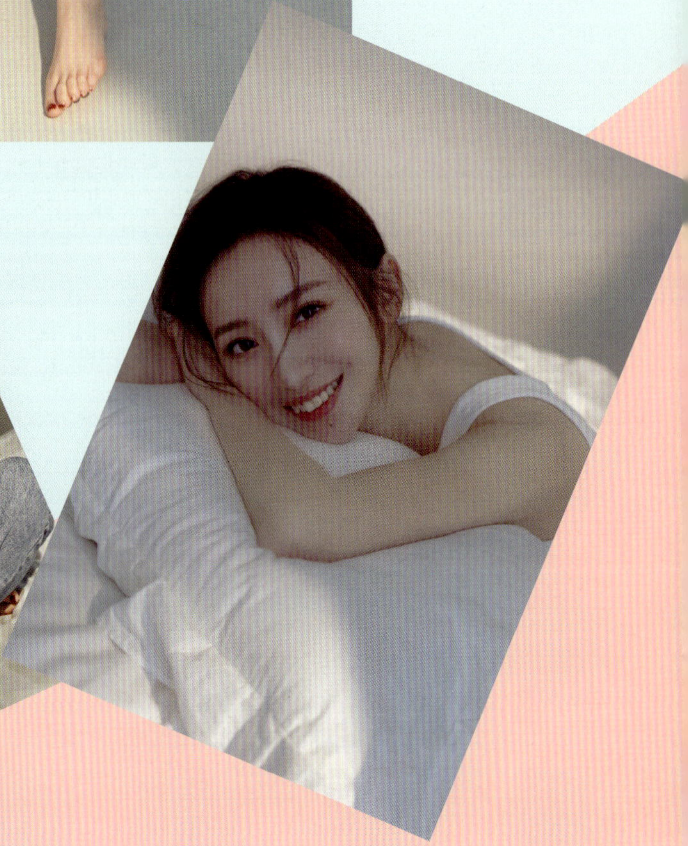

LAZY DAY

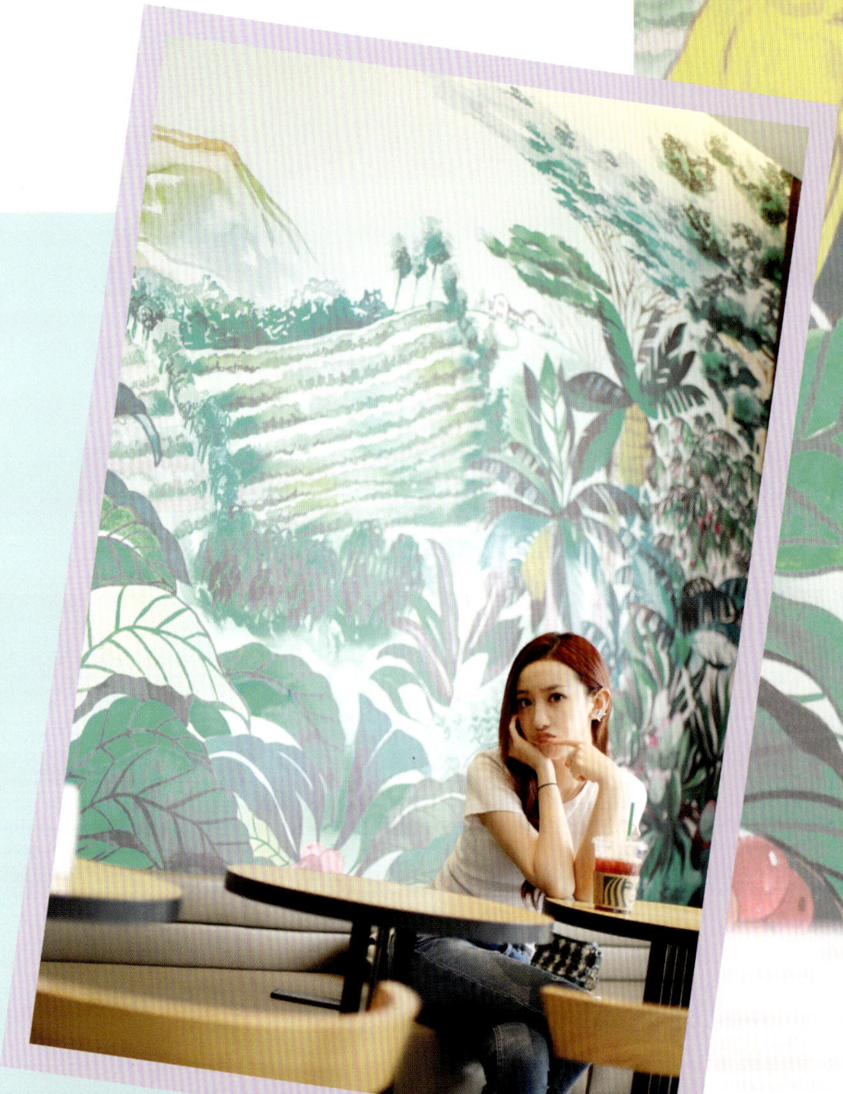

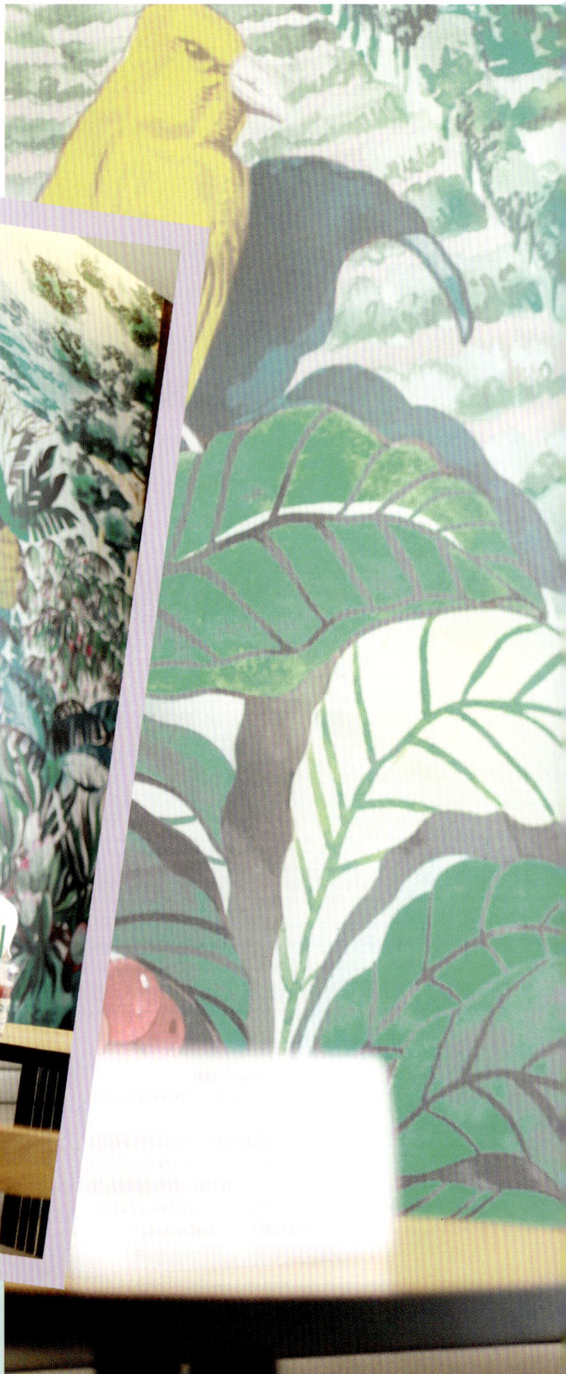

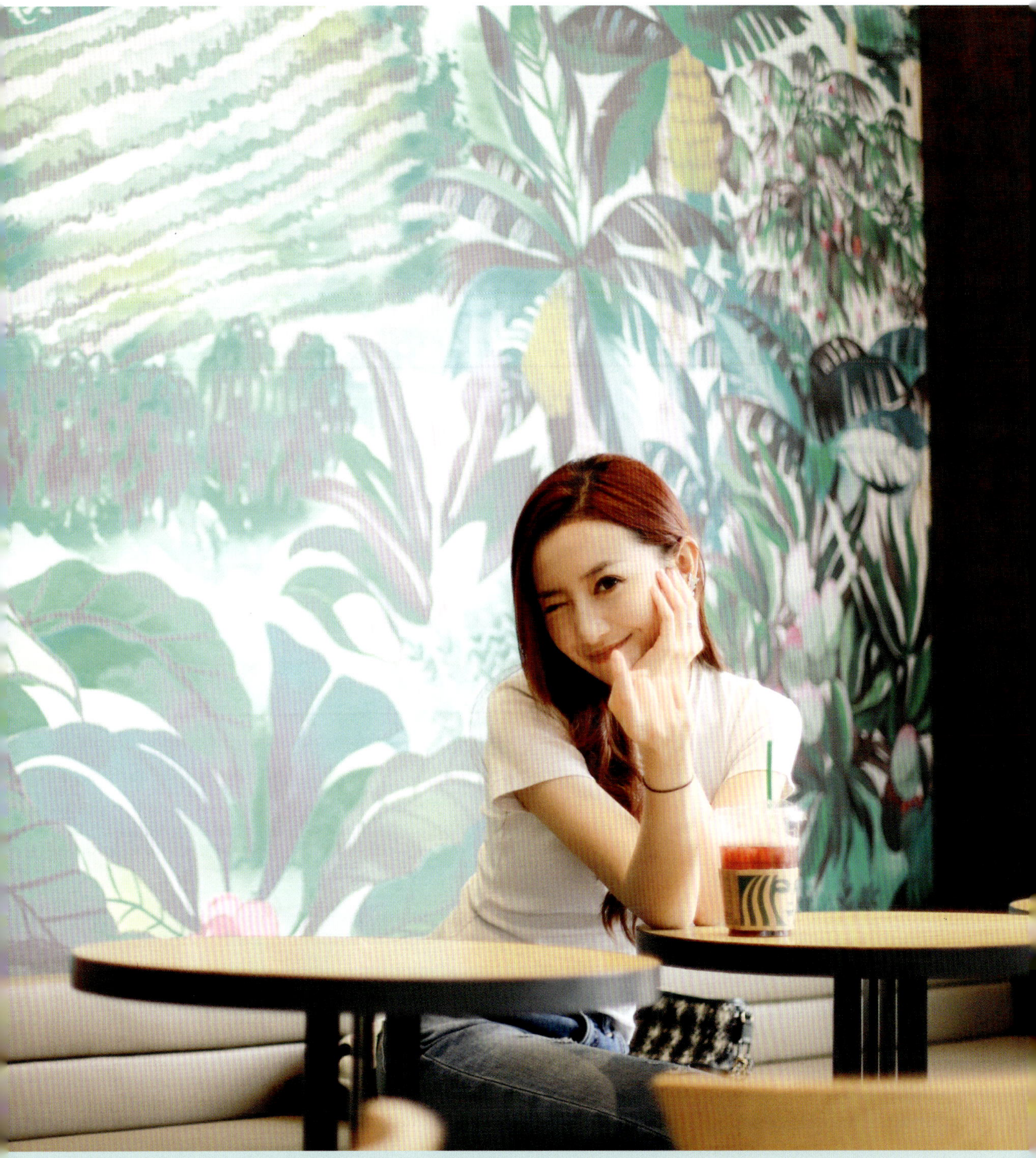

VERSATILE

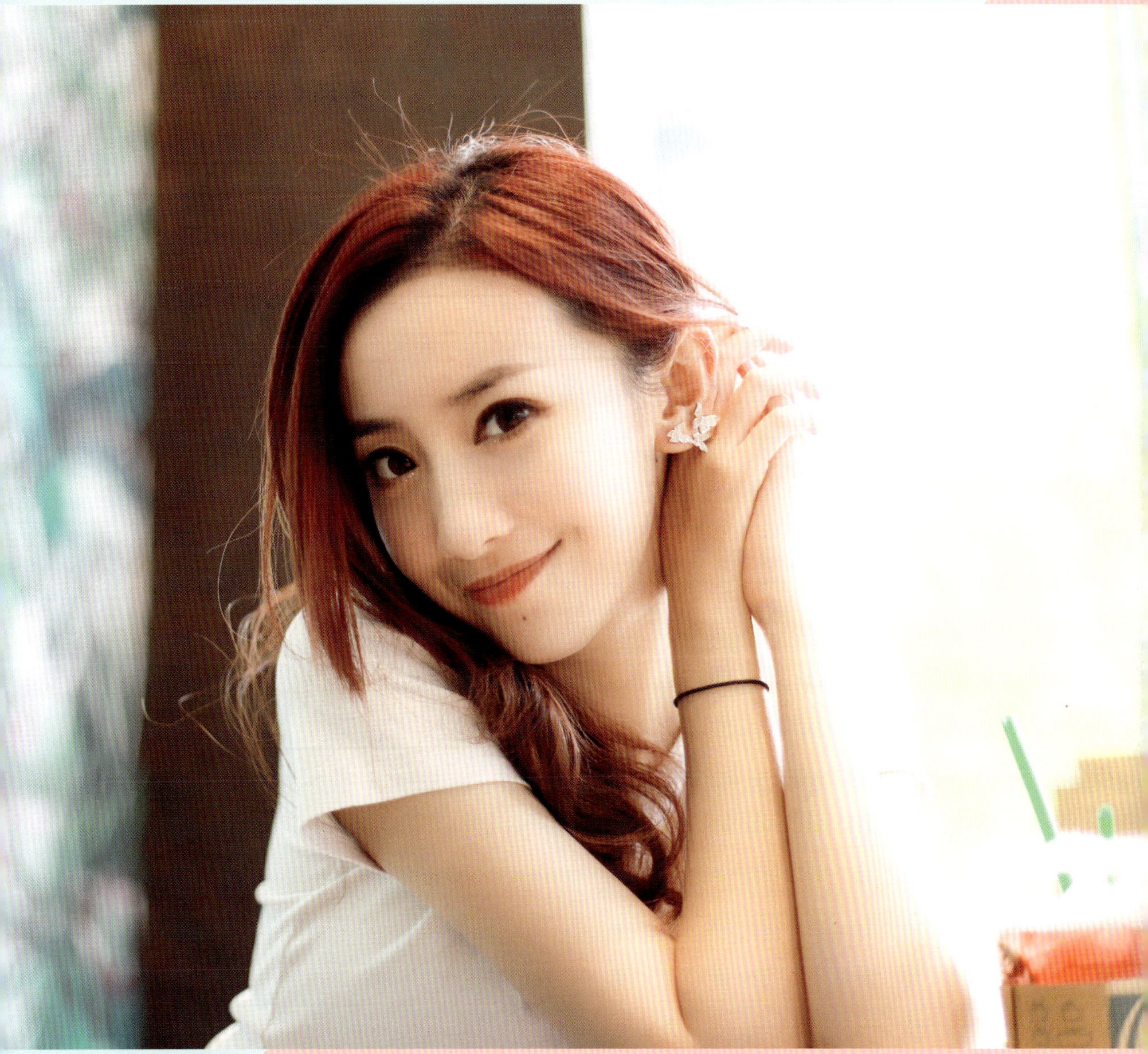

我的篮球世界

"喜欢佳依故事有点长,我还记得第一次看见佳依还是那个刘海长长的女生,有着可爱的虎牙,看起来就很帅啊!真正让我喜欢上佳依还是在科比的中国行活动,我记得台下有个熟悉的身影,我才知道我们都喜欢科比那个男人,千言万语汇成我们佳依的那句'詹姆斯……湖人总冠军!'"

——科比sgh

"甜甜的+1,憨憨的湖蜜,感谢腾讯,让我们相聚@(￣-￣)@。"

——无名

"彼何人斯,若此之艳也!名曰佳依。"

——小学生

"天南地北,佳依最美。"

——翟旺

"关关雎鸠相对唱,双宿河洲菖蒲上。美丽大方女娃娃,正是我的好对象。蒹葭萋萋又苍苍,白露未已复为霜。所谓佳人啊哒呢,依依徜徉渭水旁。"

——碧海潮云

"秦地有佳人,名曰蒲佳依。佳依,永远的仙女!"

——爱喝橙汁

我的
篮球世界

我的篮球世界

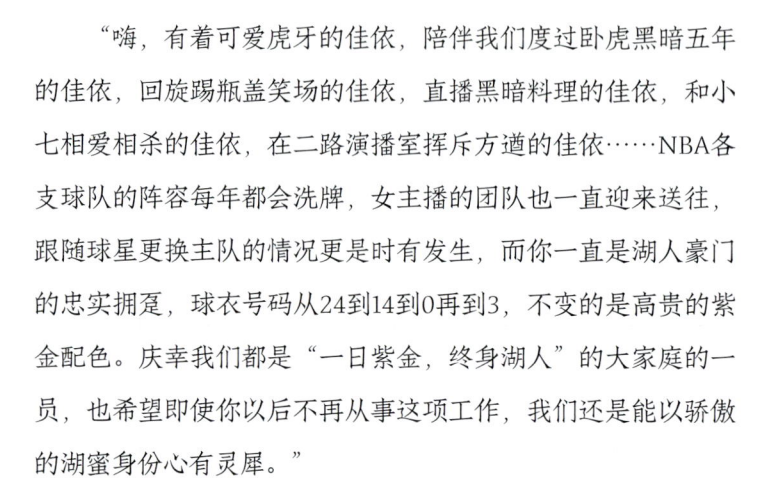

"嗨,有着可爱虎牙的佳依,陪伴我们度过卧虎黑暗五年的佳依,回旋踢瓶盖笑场的佳依,直播黑暗料理的佳依,和小七相爱相杀的佳依,在二路演播室挥斥方遒的佳依……NBA各支球队的阵容每年都会洗牌,女主播的团队也一直迎来送往,跟随球星更换主队的情况更是时有发生,而你一直是湖人豪门的忠实拥趸,球衣号码从24到14到0再到3,不变的是高贵的紫金配色。庆幸我们都是"一日紫金,终身湖人"的大家庭的一员,也希望即使你以后不再从事这项工作,我们还是能以骄傲的湖蜜身份心有灵犀。"

——HaPpy Zhang

"在那个夏天，8月24日科比的纪念战，在奥兰多打响了战斗，这场比赛对于你，对于紫金湖人，对于我们是一场非常有意义的比赛，大家都希望湖人队能赢，在演播室观看比赛的你也应该希望能把这最好的礼物送给科比来纪念凌晨四点努力训练的他，我记得你有一个名言是：在你想要放弃的时候，想想当初是什么让你坚持走到了这里。一直印在了佳依的心里，也一直印在了我们粉丝的心里，看到佳依对湖人队的热爱，也看到了粉丝的热爱，我们一起保持初心，一直热爱紫金。"

——凌晨杰克

我的
篮球世界

第四章

想念你，
科比

如果有一天，你所从事的工作，就是你小时候频繁接触的，甚至是你的长辈、亲人所喜爱的，那么你一定是幸运的，我就是如此。

如果有一天，你能够无时无刻地都可以关注着自己偶像的动态，可以拥有自己的粉丝群体，可以是镁光灯的焦点，那么你一定是出色的，我略有小成。

如果有一天，当你的精神动力不在，当你的指航灯黯淡，当你的信仰坍塌，那么你在那一刻，就是天昏地暗，我深有感触。

上面的三句话，是三个如果。但是他们在我的生活中，都是真实的发生过。

有时候，你的职业，你的人生规划，其实在你很小的时候，就已经有了预示。我的爸爸是篮球迷，我的姥爷是篮球裁判，这一切也在为我今天的工作指明方向。

我的偶像是科比，因为我从小时候就知道科比，慢慢喜欢科比。爱屋及乌，我关注湖人队，喜欢湖人队，了解湖人队。我因为湖蜜和科蜜的身份，潜移默化地影响了自己的生活。甚至我能走到这步，写这本书，都与科比、与湖人队有关。

我也非常幸运能够从事与篮球有关的工作，成为NBA女主播。这也是家里人比较认可的工作形式。

于是接下来，科比退役那一天。

我和小伙伴们聚集在一起，看着黑曼巴在赛场进行最后疯狂的表演。

看他，扬起的手腕，有些摇曳的球衣，略带飘逸的后仰，以及球在空中完美的抛物线……一次、又一次、入网、得分。那是载入史册的退役绝唱，那是让世界惊呼的60分表演，那就是无所不能的

仿佛碎了

科比·布莱恩特。

于是接下来，科比华丽转身。

球场上，他是成功的典范，球员的楷模，球迷的偶像，不服输的代表。而当他华丽转身，他又是才华横溢的商业精英，跨界都是如此优秀。属于他的商业帝国慢慢形成，属于他的另一番事业，高歌起航，属于又一个无所不能的科比·布莱恩特。

可是接下来，科比离开那一天。

生活总是那样的不可预测。那一天，我不知所措，我哭了，我甚至不知道我要做些什么，我要怀念什么。我的信仰，坍塌了。我的梦，仿佛碎了，碎得一塌糊涂。从那一刻起，真的想念你，科比·布莱恩特。

如阳光，相遇

我入职腾讯体育后，很多观众一开始觉得我并不懂篮球，只是一个花瓶，"金絮其外，败絮其中"。确实，我不太了解篮球规则，也不懂篮球战术，更不是对每个球员的身高、体重，如数家珍。

但是，我对篮球也不是一无所知，其实在我成为主播之前，我就已经喜欢上了篮球。而这一切，要源于我的父亲和姥爷、姥姥。他们都可以算是我在篮球领域的启蒙老师。

爸爸年轻时矫健的身姿

我姥爷年轻时是一位篮球裁判。甚至作为教练,他还带领过一群年轻人去打省市级比赛。在他的嘴里,我听到过拉里·伯德、乔丹、德拉克斯勒、奥拉朱旺等一连串的名字。对于年幼的我来说,我或许只记住了乔丹,因为他容易记住。

在姥爷的耳濡目染下,姥姥也看过很多篮球比赛,而且,她对湖人队情有独钟。而我现在的工作,就是我姥姥最骄傲的资本。姥姥看篮球也很认真。每逢湖人队的比赛,她都会守在直播前,看得津津有味。她甚至到现在还能说出很多湖人队老球员的名字。

当然现在对于姥姥来说,她看湖人队的比赛有了一个更大的动力,那就是我。不过遗憾的是,再也不能像小时候那样和姥姥一起看球了,因为工作的原因。

我爸运动基因也很强,家里至今还保存着他各种运动会的奖牌,他年轻时是个十足的运动健将。当然,我爸爸也是看篮球比赛最多的,也是一个湖人队球迷。在这样的家庭成长,即便我是一个女孩子,也不可避免地被熏陶,被影响。

有这样的一个闪回。

小时候的某一天,在宝鸡灯光球场厂区组织的一场业余比赛,我爸是场上的球员,而我姥爷是场上裁判,当时我姥爷虽然已经退休,但还是被临时请回去做裁判。

我和姥姥就站在场边给我爸加油。那是我小时候印象最深刻的一次,我看到了我爸的飒爽英姿。我想那一刻,我开始喜欢上了篮球。长辈们比赛完了之后的聚餐也带着我,他们在饭桌上高谈阔论,虽然我什么都不懂,但我也被这种气氛感染。因为平时很少有机会能看到我爸和姥爷如此轻松的一面。毕竟这是女婿和岳父,男同胞们,你们懂得。

还有一个这样的闪回。

我爸和姥爷、姥姥还特别爱看篮球比赛转播,几乎每一次中午放学回家吃饭,电视频道都停留在CCTV5,而大部分时间,都是在直播

NBA比赛。

那一刻，我没有换台的权利，就被"逼"着和他们一起看。那时候，CCTV5播出的NBA比赛，火箭队和湖人队是香饽饽。火箭队这边，有一个黄皮肤的面孔，一看就令人倍感亲切，后来我知道那是姚明，全中国打篮球最厉害的一个。

而在湖人队中，有一个看起来桀骜不驯的球员，给我很深的印象。他穿着24号球衣，在他那里，得分总是探囊取物。

他喜欢从后场拿球，一路狂奔到篮下，各种高难度的出手，然后得分；他也喜欢各种高难度的漂移后仰，也有各种花式的运球，当然也有频繁的投不进。

最主要的是，偶尔的镜头特写，这个球员身上，有着不一样的杀气和傲气，你不得不被他感染。

是的，他就是科比·布莱恩特。

久而久之，我认识了科比，也慢慢地了解科比，渐渐地成为他的粉丝。一场又一场的华丽演出下，我被科比俘获了。原来打篮球的男生这么帅，真的就是那个时刻，觉得科比宛如天神下凡。于是，科比、湖人队，都在我的生活中变得不可或缺。

十三四岁的我，很幸运。恰巧是湖人队又一个鼎盛时期。科比、加索尔、拜纳姆、奥多姆、费舍尔，甚至于乔丹·法玛尔、武贾西奇、拉德马诺维奇、香农·布朗，我还都记着这些名字。后来我也知道，仅仅那一个赛季，科比就奉献了七次绝杀，那是2009—2010赛季。

对于一个女孩子来说，尤其是小女孩，帅是第一位的。我不会去纠结湖人队的历史，不会去回溯湖人队的过去，我只是单纯喜欢看科比打球。我想，很多喜欢科比的男孩子也一样。他们喜欢看科比打球，最初应该也是因为他美如画的后仰跳投，以及几乎无所不能的既视感。

在激起心中的热血之后，我也会更深入地去了解科比，了解湖人队，继而爱上科比，爱上湖人队。

只是不久之后，湖人队就陷入建队之后最大的低谷，连续六年无缘季后赛。而科比也因为跟腱断裂，再也没能像昔日一般飞天遁地。2016年，在我上大学两年之后，科比也退役了，彻底离开了NBA赛场。

其实，这就是我与篮球、与湖人队、与科比的相遇过程，简单而且纯粹。我相信很多人，因为受父母或者亲人的影响，而设置了自己的人生规划。

如热恋，炙热

当我开始走进大学校园，当我有了更多自由的时光，我发现，我已经是一个真正意义上的球迷了，而且是狂热、一发不可收拾的那种。

每逢湖人队的比赛，每逢科比的比赛，我都不会错过，去见证科比的每一场精彩演出。很无奈，此时的科比，已经是职业生涯暮年。我不能陪伴着他的巅峰与辉煌，但是我可以见证科比夕阳下的余晖。

而在2016年4月14日这一天，我见证了什么叫"夕阳下的完美"。

在诉说完美之前，我们先去回忆些夕阳到来之前的流云。

一直有一个这样的说法，那个无所不能的科比，真正消失在NBA的日子并不是2016年4月14日，而是2013年4月12日。因为那一天，他遭遇职业生涯最惨痛的伤病——跟腱断裂，几乎毁掉了科比的整个职业生涯。这之后的科比，并不是真正的他了。

2012—2013赛季的湖人队，组建了"F4"的豪华阵容，科比、霍华德（德怀特·霍华德）、纳什（史蒂夫·纳什）和加索尔（保罗·加索尔），除了纳什稍显老迈之外，其余三人都正值巅峰。毫无疑问，这是一套冲击总冠军的班底。但纳什早早受伤，霍华德又与科比不来电，到了赛季最后，湖人队沦落到了需要为季后赛门票苦苦挣扎的境地。

科比在连续高负荷的比赛后，最终还是迎来了那个几乎断送职业生涯的时刻。在对阵勇士队的比赛中，科比在一次无对抗的启动之后，痛苦倒地捂住自己的脚踝。赛后，科比被诊断为跟腱断裂。这一刻，科比已经知道发生了什么。

那时我还在读高中，从同学口中听到这个消息，我真的难以置信。因为在我的印象中，科比就是钢筋铁骨，他怎能遭遇如此严重的伤病。

当然到后来我才知道，跟腱断裂对于一名运动员意味着什么，这是足以毁掉科比职业生涯的一次伤病。事实上，2013年之后的科比，虽然仍在努力展示他所仰仗的一切：美如画的后仰跳投，超强的取胜欲望，始终如一的比赛态度。但他已经不是那个遇神杀神，遇佛杀佛的科比·布莱恩特了。

时光来到2015年底，此时的我已经身处大学校园内。有一天，科比写了一篇文章，正式宣布自己将在本赛季结束后退役。

我知道，这个时刻还是来了。

于是，那之后的每一个客场比赛，科比都会受到全场球迷的礼遇。我记得科比出场时，客队MC（主持人）给他播报的那一长串头衔：17届全明星，历史得分榜第三位，2008年常规赛MVP，两届FMVP（总决赛最有价值球员），五届总冠军，1.98米后卫，来自劳尔梅里恩高中，24号，科比·布莱恩特。

那时的科比，已经是小伤不断，在跟腱和膝盖接连重伤之后，科比早已不复当年之勇。所以为了让一些客场球迷能够最后一次看到自己，科比尽量会出战客场比赛。而他最重要的任务，就是2016年4月14日对阵爵士队，那是他的最后一舞。

与爵士队的最后一战，会是怎样的谢幕演出呢？

那场比赛，我的朋友圈在赛前就已经刷屏了。我认识的很多朋友，

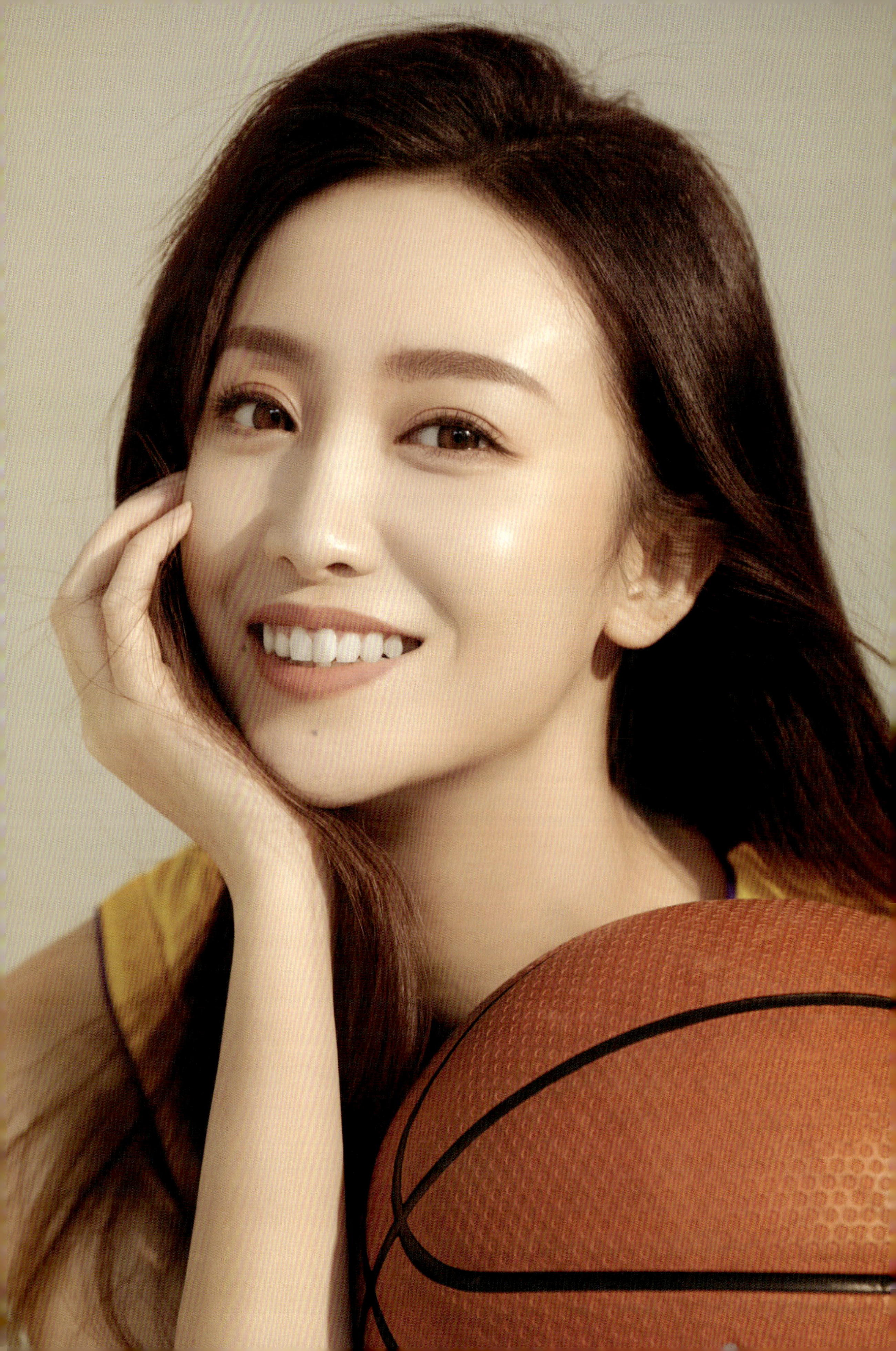

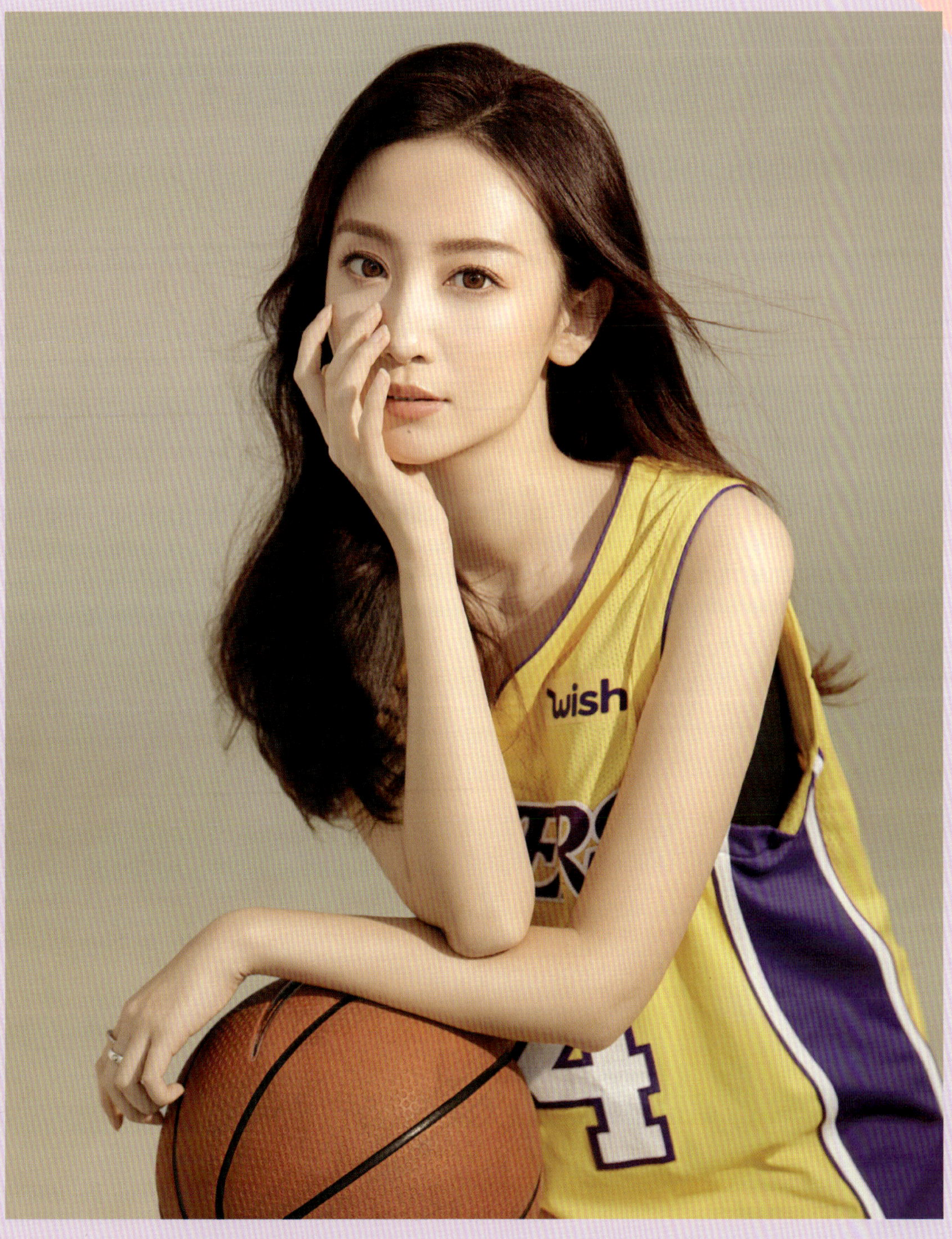
wish

都守候在屏幕前,他们有的是科比粉丝,有的不是,有的甚至不是球迷。但在这一刻,科比将他们汇聚在一起。这位过去20年最具影响力的球星之一,不会有人愿意错过他的最后一战。而我,则和小伙伴们去宾馆开了一个房间,给老大送别。

同朋友一起畅想过谢幕之战该如何演绎:是大家如同排山倒海般的掌声,为科比呐喊、欢呼;是现场一次又一次播放科比的精彩画面,引人入胜;是对手给予的一个个充满敬意的拥抱……确实这些画面都一一实现。

但是科比,给我们全世界的粉丝带来了惊喜。他上演的竟是一场如此华丽的谢幕,惊天地、泣鬼神。

他一次次出手,篮球有如神助,一次次入网,力拼季后赛资格的爵士队,也毫无还手之力,哪怕他们几乎领先了45分钟,但是科比只需要三分钟,就足以收割比赛。这不就是科比整个职业生涯最好的呈现吗!

他一次次后仰跳投,漂移中距离,篮球也是空心应声入网。这样的画面,在整个赛季都很难出现,因为他老了,他打不动了。可是这一战,他又仿佛回到了十年前的岁月,他上天入地,他无所不能,他披荆斩棘,他快意恩仇。

他最终完成了60分的华丽表演,引起世界哗然。这样的退役表演,前无古人,甚至可以说后无来者。犹记得81分那样,让世人疯狂吗?这一场亦是如此。我印象最深的一幕,来自科比的老队友奥尼尔。他一开始嘻嘻哈哈,但当科比得到50分,55分乃至60分时,奥尼尔张大了自己的嘴巴。50次出手,轰下60分。当时我们一起看的小伙伴,都觉得难以置信。而朋友圈,也彻底被科比刷屏了。最后一战,科比缔造了史诗般的奇迹。从来没有任何人,在自己的谢幕演出中,以如此令人瞠目结舌的方式,回馈爱他的球迷。

这60分,是科比对三年多来所有质疑声的回应。很难想象,一个有着近乎偏执狂一般好胜心的斗士,是以怎样的心情,写下了那篇退

役宣言。但最后这一战，科比告诉篮球世界：20年前，我带着梦想而来；告别的一刻，我要带着骄傲离开。

我记得科比在最后一舞结束后，他被很多人围在场地中央。科比感谢了球迷，也感谢了所有爱他的人。他作为球员留给斯台普斯的最后一句话，我至今印象深刻：Mamba Out（退役）！我也不禁鼻子一酸，默默地湿润了眼眶。

科比退役的那一天，整个NBA都在为他喝彩，以至于球迷几乎忘记了，勇士队拿到了创造NBA历史纪录的73胜，以及库里轰出了创历史纪录的402记三分球。这两个数字在未来的岁月中被不断提及，但那一天，聚光灯只属于科比。科比之所以成为科比，就是因为他本身就是传奇。没有最后这场比赛，科比职业生涯的光芒不会有丝毫黯淡。但科比，想用他自己的方式，为辉煌的20年生涯书写一个完美的句号。他做到了，而且震惊了所有人。

那一年，对于篮球迷来说是青春告别的一年。科比，加内特，邓肯，三位NBA的天王巨星，在同一个夏天，告别篮球场。

此时此刻的我，也在想，是不是我与篮球的故事，我与科比的故事，就此终结了呢？

而我的职业生涯，稍晚之后，才刚刚开始。

如重逢，激情

当科比退役，我的大学时代还在继续。然而我与篮球的缘分，才刚刚开始。并且，妙不可言。

前文提及过，我的爸爸、姥爷、姥姥、很多好友，都是篮球迷，我自己也是。但我从未想过，把篮球当作自己的职业。我身边的小伙伴，或努力学习考研，或梦想进电视台做名主持人，而我一开始则是一团糨糊，不知道未来做什么。各种外出的活动、兼职，也可以说让我忙得不亦乐乎。

时光来到大三，对于我们这个专业来说，实习迫在眉睫。而由于学校的专业性，很多单位都会来学校招聘实习生，而且都是非常

不错的岗位。

学校会议室很多，比如今天北京广播电视台来校招，开一间会议室，想去应聘的人就进会议室投递简历并参加面试。当然我也开始寻找合适的机会，频繁地去参加各种面试。

有时候，机会来得也非常突然。

有一天我刚参加完一个公司的面试，正准备回宿舍休息。我一看，很多同学都往对面的会议室走。我问道："怎么你们都去那里？"

她们说腾讯体育来校招，工资给得非常高。我当时没有想太多，但是同学说的"工资给得非常高"让我心动了。此时我并不知道，腾讯体育在招聘什么职位，甚至不知道要去干什么。

但是我还是踏入了那个会议室，等了很久，面试终于轮到我。当时身前有面试官，还有一台摄像机。面试官给我一个口播让我念，我照本宣科。念完之后我对自己没抱太大希望，因为自己很心虚，别人都是用心准备，而我却是临时起意。但是有一点值得骄傲的是，整个过程，我的口播非常的顺利，一气呵成，且声情并茂。

因为口播的内容，和篮球、和NBA有关。这是我的主场啊！也就是在那一刻，我开始意识到这是一个和篮球、和NBA相关的岗位。我开始有些躁动，起初的不在意，变得有些着急起来，我已经开始渴望这个职位了。

如果我能够与体育、与篮球、与NBA结缘，仿佛这又是一场突如其来的梦，然后实现了。当我在旁边稍微停留的时候，工作人员告诉了我答案。我面试的职位是NBA女主播！我此时豁然开朗起来。

因为自己喜欢篮球，也看了很多NBA比赛，我对NBA女主播非常了解。在当时，我的脑海中也浮现出了小七等人的名字，亭亭玉立的她们，站在演播室侃侃而谈。此时，我似乎有些异想天开，感觉自己就要被成功录取了。

但是后面面试的声音打乱了我的白日梦。我如梦初醒般想到，这个突如其来的面试，我没有准备啊。单是自己的妆容，就已经有些无奈了。一条蓝色裙子，头发甚至还有些凌乱，我就是这样一个状态完成面试的吗？

然而正应了那句诗，"有心栽花花不开，无心插柳柳成荫"，我自以为糟糕的表现，竟然通过初试。后来我才知道，面试官觉得我没有特别的播音腔，和别人交流时没有距离感，因此让我过了面试。当然，那时候我不觉得这是自己的优势。字正腔圆，情感丰富，永远是专业课老师强调的。

来到复试的日子，到了希格玛大厦（腾讯体育总部），试镜环节时，我在镜头前说一段口播。于是，我就在镜头前大大咧咧地说了一段话，口播没能全部背下来，好在个人即兴发挥了一段。总而言之，我觉得自己有点紧张，但是过往的篮球积累，还是拯救了我。

也正是篮球带给我的熟悉感，让我通过了复试。面试的领导，用"亲切感"以及"对篮球的熟悉感"肯定了我的发挥，于是我入职腾讯，成为一名NBA主播。而对于我的妆容，后来我得到了答案——"土妞"！

或许几天前，NBA女主播在我这里还只是一个可望而不可即的梦想，但是如今一切成为现实。我仿佛又找到了昔日恋人般开心，而且对这份即将开始的工作，富有满腔热血的激情。

当然这一刻，我再次感谢幸运女神，她又一次帮助了我。从小时候的耳濡目染，到如今篮球成为自己的职业。尤其当看到很多人都在从事自己并不喜欢的工作时，我也愈发珍惜目前拥有的一切。也许算是缘分，也许有一点运气，我遇到了一个欣赏我的面试官。此时我意识到我人生中又一段新的旅程即将开始。

而我与湖人队，开始了又一次重逢。还好，湖人队的复兴没有让球迷等太久，詹姆斯的到来令紫金军团重返巅峰。我也在镁光灯下，不断地成长和进步着。我深刻记得领导说过的一句话：

NBA篮球女主播，不需要"又红又专"，球迷更需要的是会交流的女主播。能够拉近自己和球迷之间的距离，而不是觉得你高高在上，遥不可及。

　　也正是因为工作的关系，我开始更加了解NBA，了解湖人队，了解科比。各种节目、比赛直播等，让我对这份工作的热爱程度，不断地增加。或许当科比退役之后，我失去了一定的篮球激情，但是如今，我与它，再次重逢！

如星尘，永恒

如果静谧的深夜，你看向天空，那漫天星光，是多么灿烂。仿佛，它们将永远停留在那里，给你在黑夜中指明方向。

科比退役之后，人气依然不减，而且开始涉足更多的领域，他将自己的黑曼巴精神移植到赛场外，他依然是那么出色。当然科比不会离开篮球，也不会告别篮球。2019年男篮世界杯的抽签仪式在中国深圳举行，赛事全球形象大使科比出现时，那山呼海啸般的声浪，证明了他的人气不减。就像2008年北京奥运会一样，科比在这片土地上有着超高的人气，可见中国球迷对他的喜爱程度，有多么强烈。

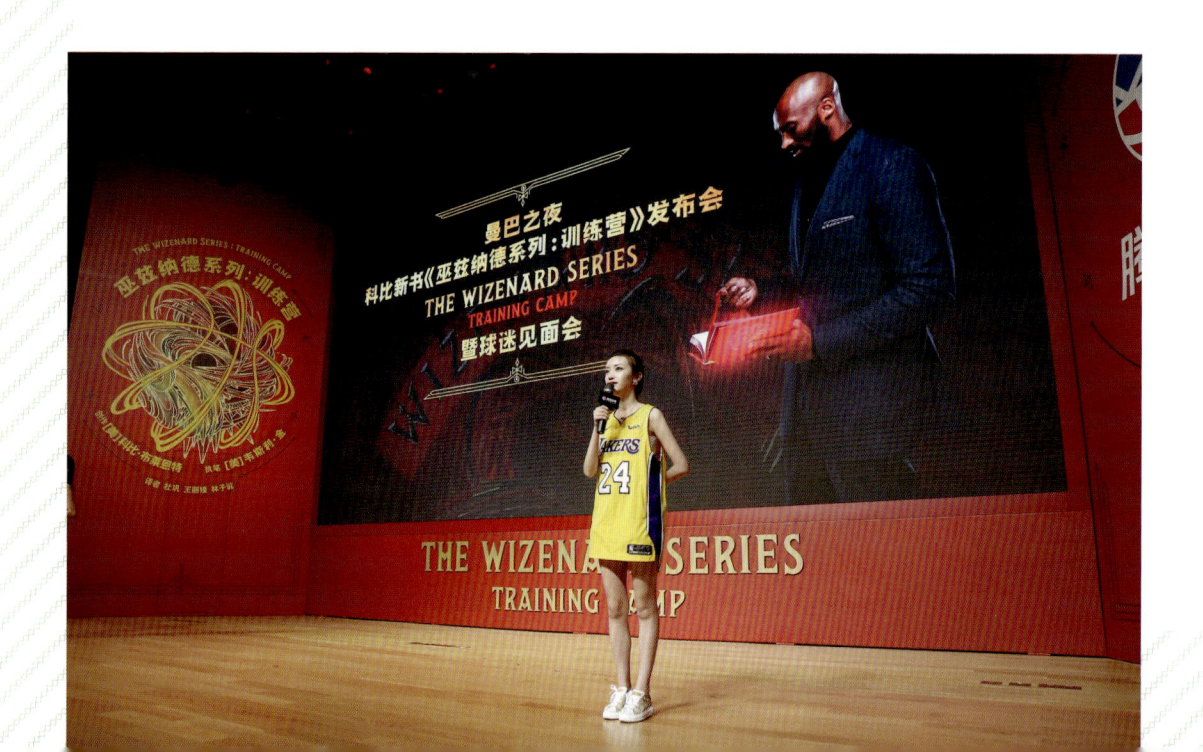

半年后，男篮世界杯如期举行，科比再次现身。但谁也没有料到，这竟是他最后一次中国行。

2020年1月27日。

这是一个所有篮球迷都不会忘记的日子，之于我，之于每一个喜欢科比的人。时至今日，那一天，还是那么沉痛。

因为在这一天，我们永远失去了自己的篮球情人——科比·布莱恩特。在41岁的年纪，以令全世界震惊得无法接受的方式，走完了他的一生。直升机失事，那一天，整个体育世界为之悲恸，这或许是近代体育史上最灰暗的时刻之一。

那一刻喜爱科比的球迷是如何熬过来的？

清晨闹钟响起，我在迷糊中惯性拿起手机。一条一条的推送，我的脑海中，已经是一片空白。那些刺眼的标题，那些沉重的配图，那些让人悲伤的字眼……我清醒了，但是我又不敢彻底醒来。

我在微博上写下：这是假的吧。

然而所有的朋友，都在告诉我一个事实，这是真的，科比走了。这是真的，科比真的走了。

我的微信里早已经收到了无数条消息，我知道，所有喜欢科比，甚至所有不喜欢篮球的人，这一刻都是震惊无比的。

难以置信、无法接受、目瞪口呆，最后黯然神伤。

一位粉丝给我留言：佳依姐，科比走了，我的青春和信仰在此刻似乎崩塌了……我不知道有多少球迷爱着科比，有多少球迷因为这个男人而爱上篮球，甚至在生活中有多少球迷因为他而一次次的鼓起勇气，然后跌倒了再次爬起来，直到实现自己的目标。但这一次，科比他永远走了。我好像不知道要怎样去怀念他，因为我不敢怀念。

我没有给粉丝回复任何一句话，因为我也不知道该如何去安慰。

我浑浑噩噩地起床，试图去理清整件事的来龙去脉。如果科比，不坐那直升飞机该多好啊？科比有四个女儿，而他的二女儿吉安娜有很高的篮球天赋，科比也经常去给她加油。她也在这次可怕的空难中离开了,和科比一起,她才13岁。

他还留下了痛苦的妻子瓦妮莎和三个女儿,最小的女儿还未满一岁。上帝为何这么不公平!

那个清晨,我一直在翻阅各种社交媒体。我打开手机所有的新闻软件,科比都在醒目的位置。我多么希望能有权威媒体出来辟谣,或者在遗骸中没有科比和吉安娜。但随着时间的推移,奇迹出现的可能性越来越渺茫。

我们体育编辑部的同事,在那个凌晨忙疯了。我知道,他们中有很多人是科比的铁杆粉丝。我更知道,在这样的时刻,他们需要承受多大的悲痛去处理这个突发事件。因为所有的消息都是悲伤的,这如同一把把利刃刺入你的肌肤,直达内心深处。

临近中午,当科比离开的消息已经成为不可逆转的事实,我的心似乎有些平静了。事实已经发生,我们能改变什么?只剩纪念和留恋。

我在微博上写道：

作为一位球员，一位领袖，一位丈夫，一位父亲，你都是满分。

虽然我不能接受你离开的方式，但是我知道你其实从未离开，就停在永远不会垂老的年纪吧！像你当年一样倔强，我永远爱你，永远爱湖人队！我的老大，睡吧。

在我眼中，科比是一个永不服输的人。他的性格，奠定了他成为超级巨星的基础。所以，即便他到了天堂，他也一定会努力成为那里的篮球上帝。只是在人间，我们再也无缘得见。

在科比离开的那一天，我并没有放声痛哭，震惊是萦绕在脑海中的主旋律。但第二天，关于科比的种种消息继续源源不断出现时，我终于还是忍不住潸然泪下。他才41岁啊，虽然在篮球领域已是天王巨星，但他的人生原本会更加精彩。

可以说，如果没有科比，我可能不会喜欢上篮球。将科比说成是自己篮球场上的"初恋情人"，并不为过。我收藏了很多科比的球衣，有8号，也有24号。我从不讳言自己科比球迷的身份，也经常会在微博上晒出自己穿科比球衣的照片，我还去了洛杉矶斯台普斯"朝圣"。科比和湖人队，永远是我篮球世界的图腾。

一年之后，在科比辞世一周年的时刻，我在微博上传了两张自己在2019年所拍的科比的近距离照片。突然发现，一年的时间过得好快。一年来，我从未忘记科比，想起他依然会有伤感。但我更会觉得，如果真的缅怀科比，就要学习科比的品质：坚毅、果敢、无所畏惧，对于目标有着嗜血曼巴一般的渴望。

他灿若星辰，永恒不落。谢谢你，科比！

他如导师，引领前行。怀念你，科比！

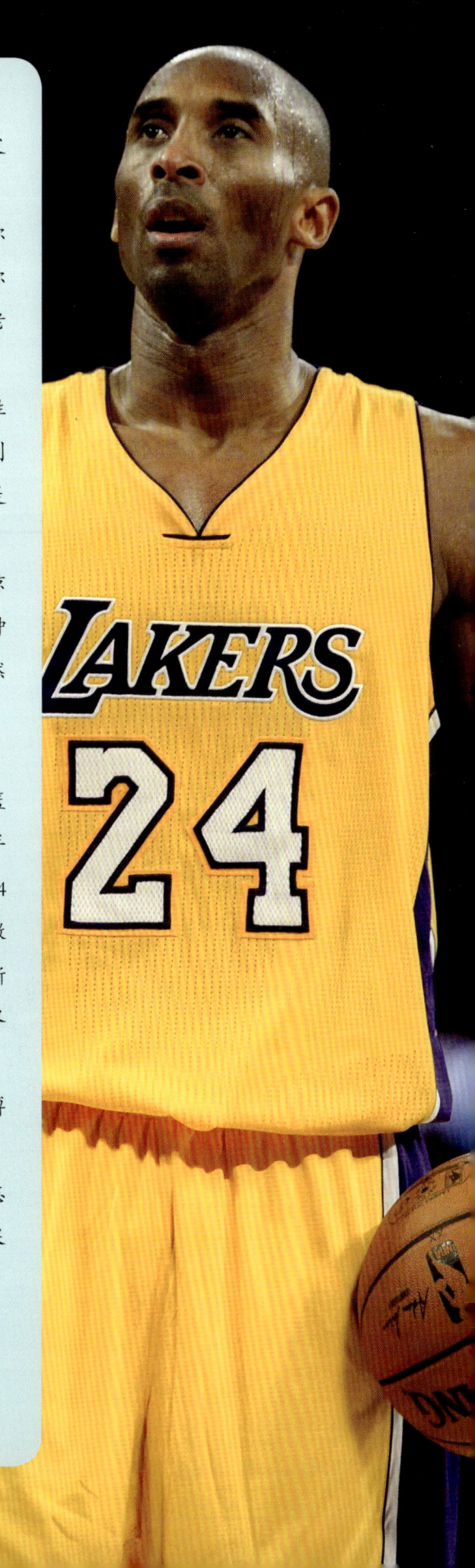

如曼巴，坚持

乔布斯曾经用"缘尽情未了"来形容他第一次离开苹果时的心情。而科比同样也是如此，他始终没有离开我的生活。他永不言弃的精神，锲而不舍的品质，深深影响着我。

我的女主播之路并不平坦，之前我说过我来到腾讯体育，中间带有一部分运气。而来到公司之后，面对一个全新的环境，我不可避免地进入一段难熬且痛苦的适应期。在这个阶段，我差点闯出大祸——险些把演播室给烧了。

刚来到腾讯体育，看到高端大气上档次的演播室，我一下就被震撼了。不过演播室有很多规定，比如演播室是禁止明火的。因为地板是贴胶的，它底下是埋了千万级的电缆；同时演播室也不可以浇水，因为水会渗到底下，导致线路故障。

但刚来的我，对这些规矩并不是太熟知。我的性格比较马虎，大大咧咧、无所畏惧，有时候这是优点，但有时候也容易闯祸。当时为了让大家更好地认识新主播，在节间或者中场的时候，女主播可以通过表演秀来展示自己。当时，我选择变魔术，通过道具变出一朵火玫瑰。

于是，我的行为就让演播室见了明火，而且那个火油还往地下滴，差点把演播室点了。当时我完全不知道演播室的另一边已经疯了。估计当时同事们在心里想，哪里冒出这么一个怪物出现在演播室，谁让她这么干的？

直播结束之后，我就被导演约谈，我也因此被停播一周。领导批评我的错误实在太低级，几乎不可原谅，但看在我初来乍到，而且没有造成太大损失的份上，还是宽大处理。我这个举动几乎是"一战成名"，所有的导演都很害怕和我一起做直播。当然我也能理解导演们，因为错误实在太低级、太业余。

这是一段极其灰暗的日子，尤其是对于我一个新人来说。于是我迎来工作中的第一次转变。

Cleveland
Cavaliers
knight
Cavalier

在平日里，我的话不再那么多。我会学着先聆听别人如何说话，我再继续去做。我开始以敬畏之心做好自己的工作。

直播是一个很复杂的工作，很多人说我们女主播是花瓶，留给我们展示的时间也不多。但是直播间隙那么短的时间内，能把一个东西表达清楚，展示出自己的特色，临场发挥精彩不出错，这都需要长时间的训练，也需要很高的主持功底。很庆幸，腾讯体育给了我时间。我想，我也没有辜负他们。

慢慢地，我能感觉到同事们对我态度的转变。这种成就感，我觉得甚至不亚于考上大学。我也逐渐知道，该如何去处理职场上与同事的关系。之前那段时间我一度很崩溃，感觉自己好烦躁，但终归是熬过来了。

现在，我已经能与同事打成一片，还能坐在一起笑着谈论当年做的那些傻事。

回想起来，我很庆幸自己没有在最艰难的时候放弃。我想，科比就是这样，他不会在遇到困难时想到退缩，而是要找到应对困难的办法。科比的品质，一直激励我克服困难，奋勇前行。既然号称自己是铁杆科蜜，又怎能被一点小挫折击垮呢？

人啊，有时候真的就是那么一股劲，挺过去就是"柳暗花明又一村"。如果放弃，只能是"屋漏偏逢连夜雨"，你会觉得所有的厄运，都向自己涌来。还好，我是一头西北狼，像极黑曼巴的"西北狼"。

我也希望，所有的朋友们，在遇到各种困难之时，都如黑曼巴一样，坚持，保持敬畏之心。

BECAUSE OF LOVE

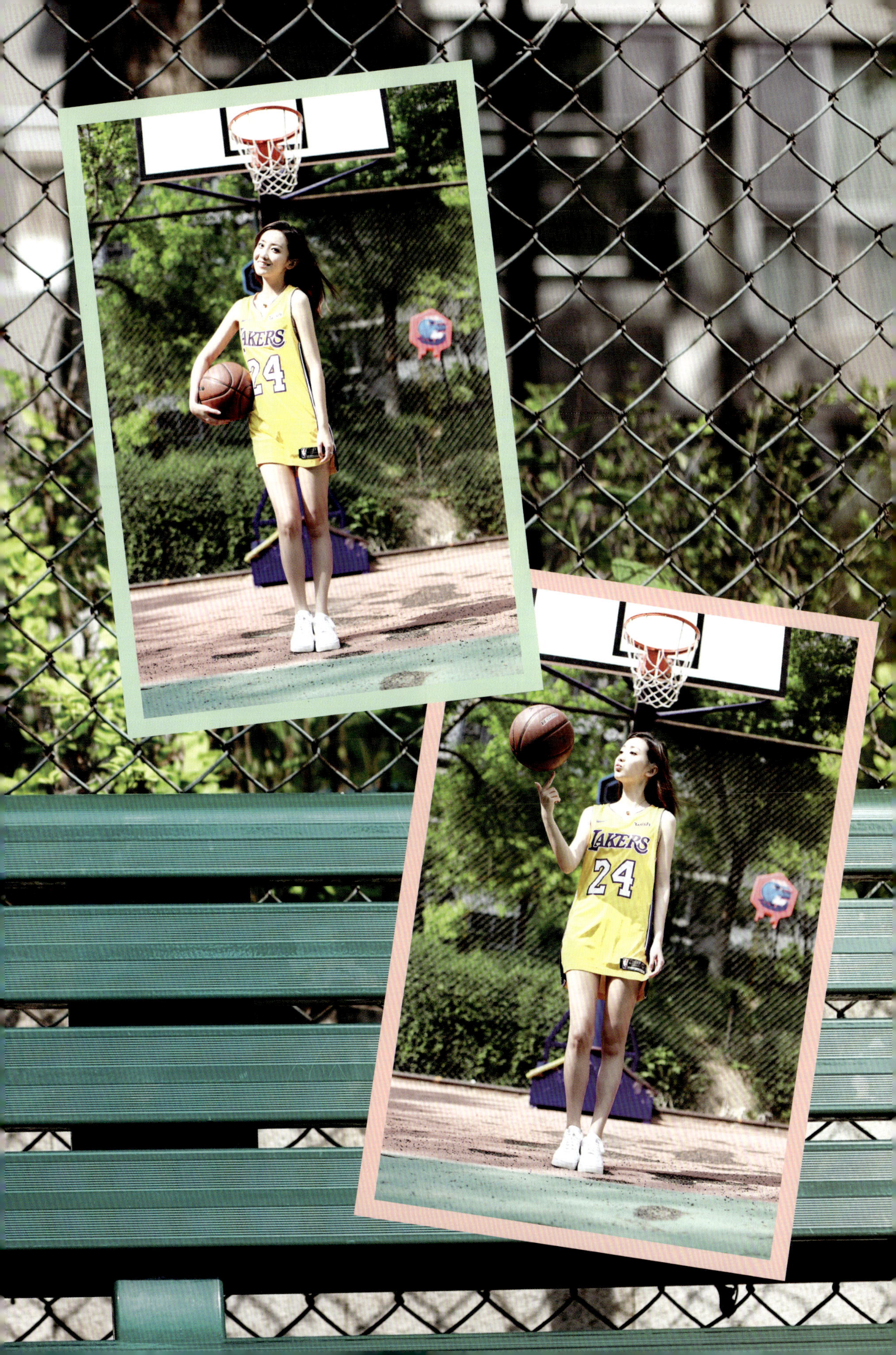
LAKERS
24

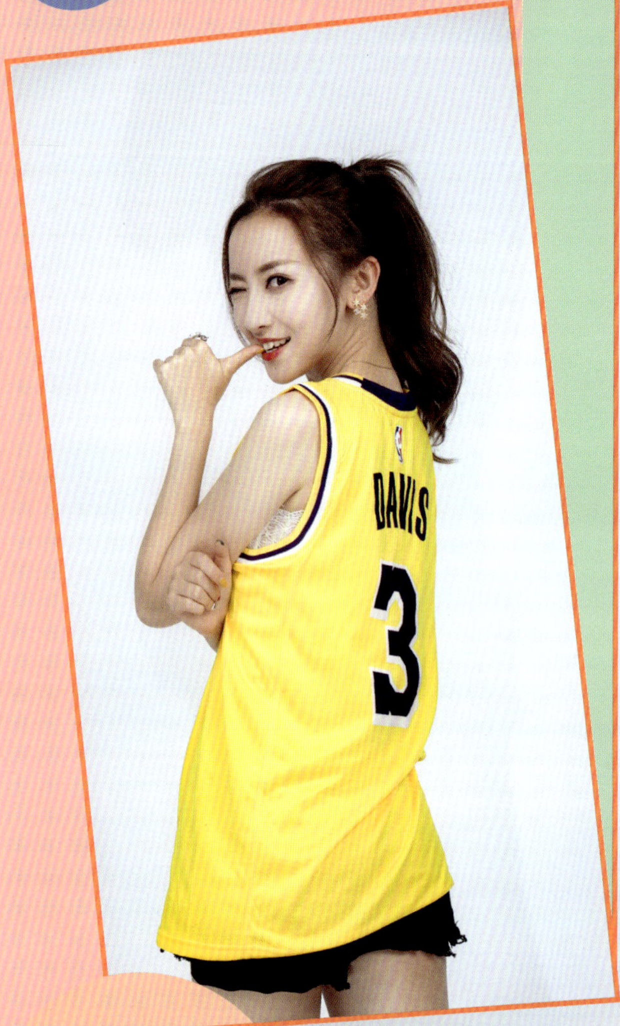
3

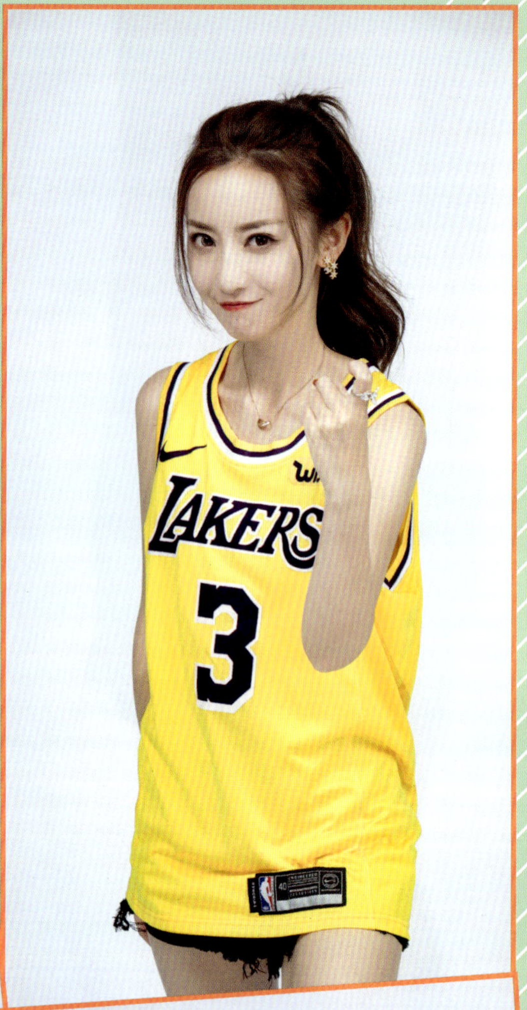
LAKERS
3

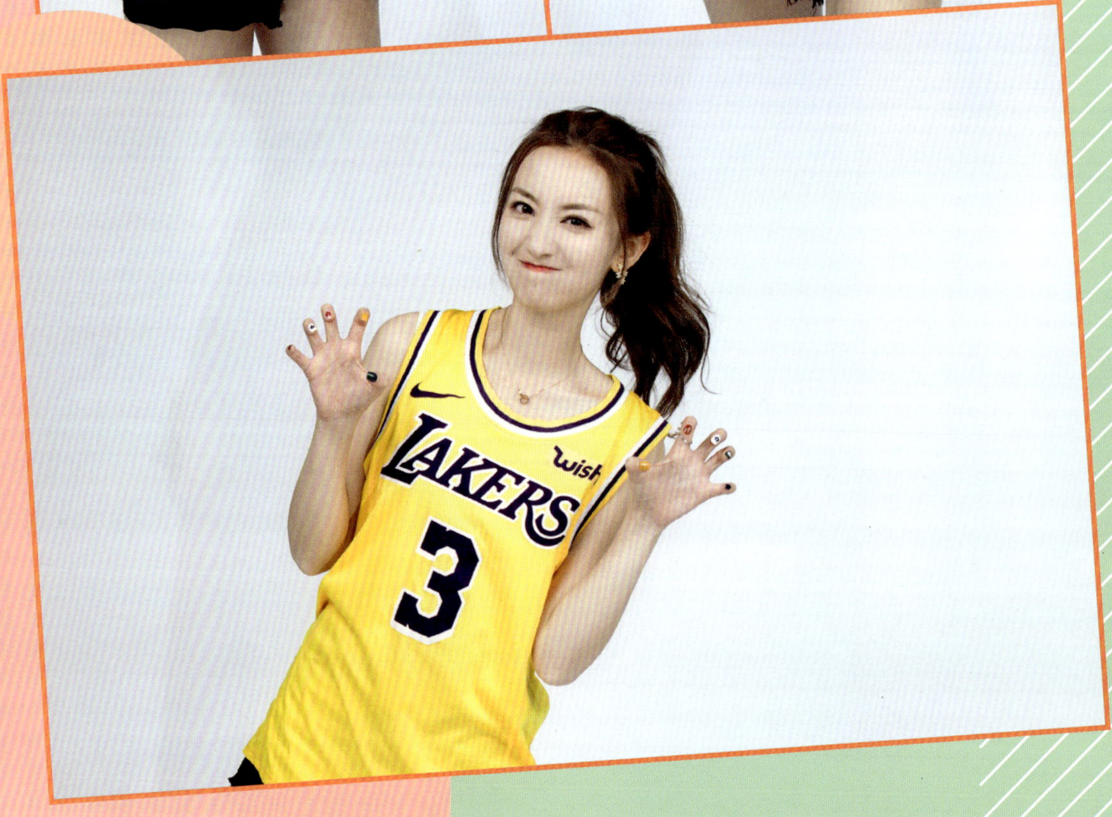
LAKERS
wish
3

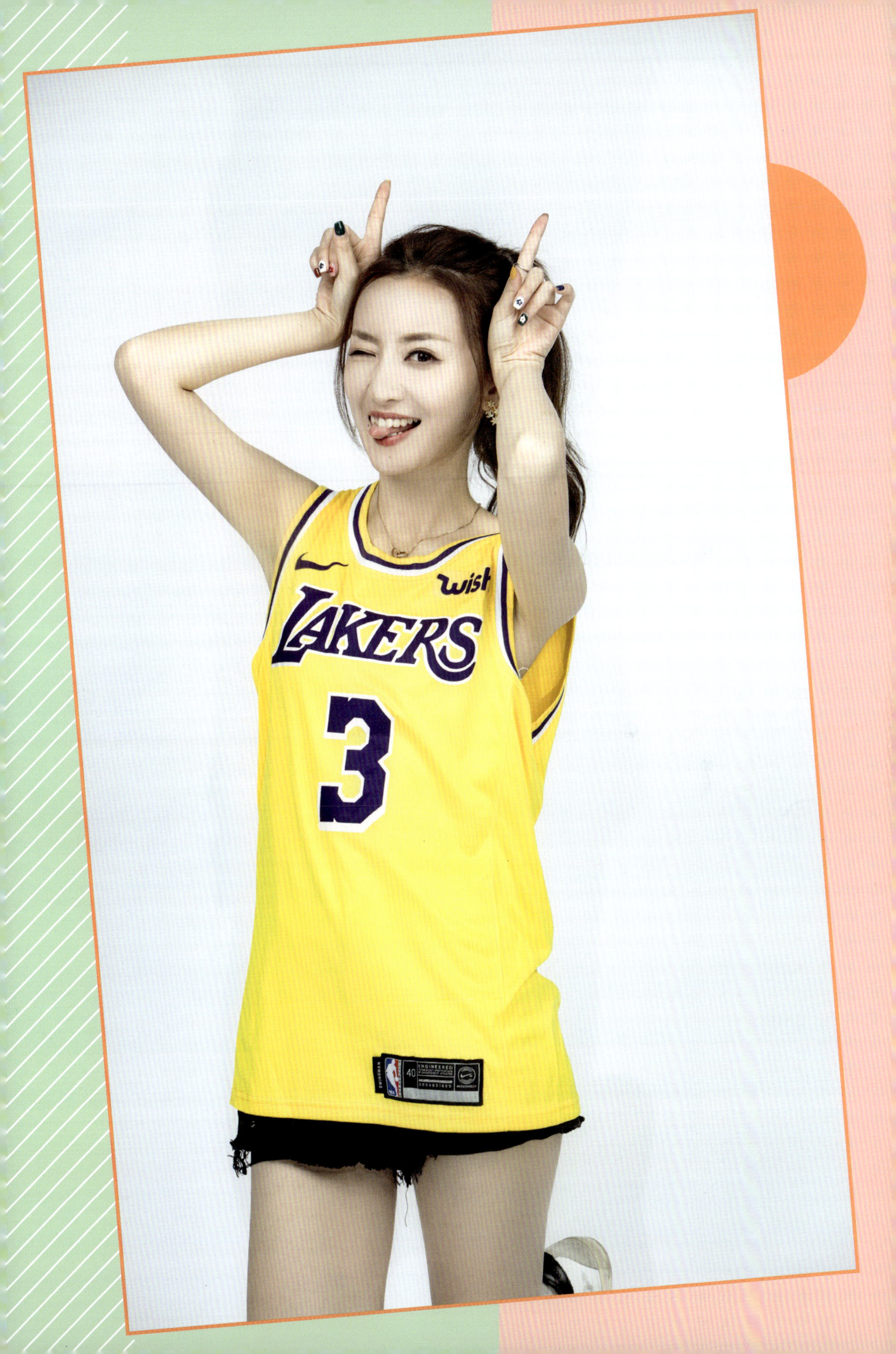
wish
LAKERS
3

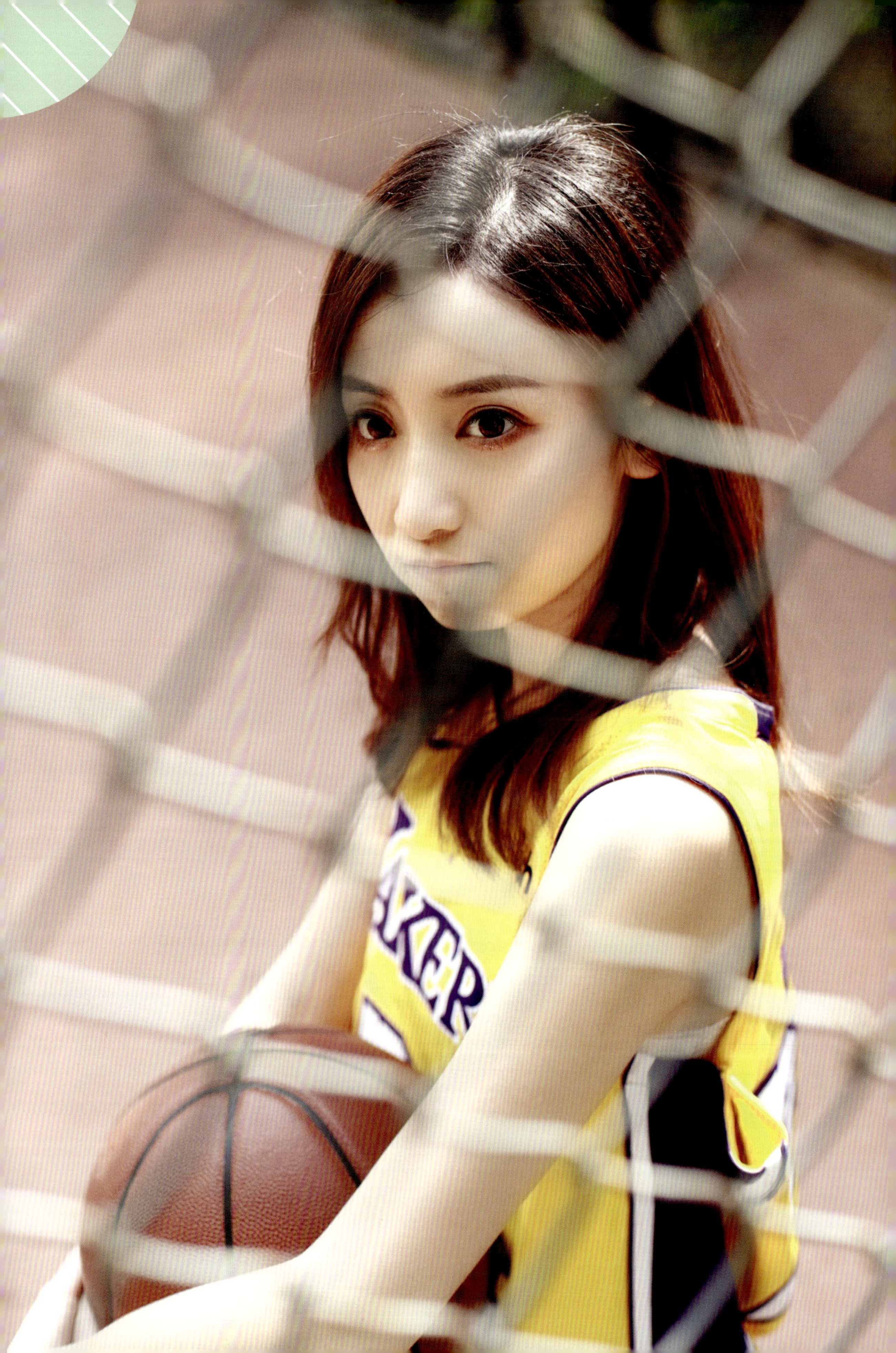

BASKETBALL

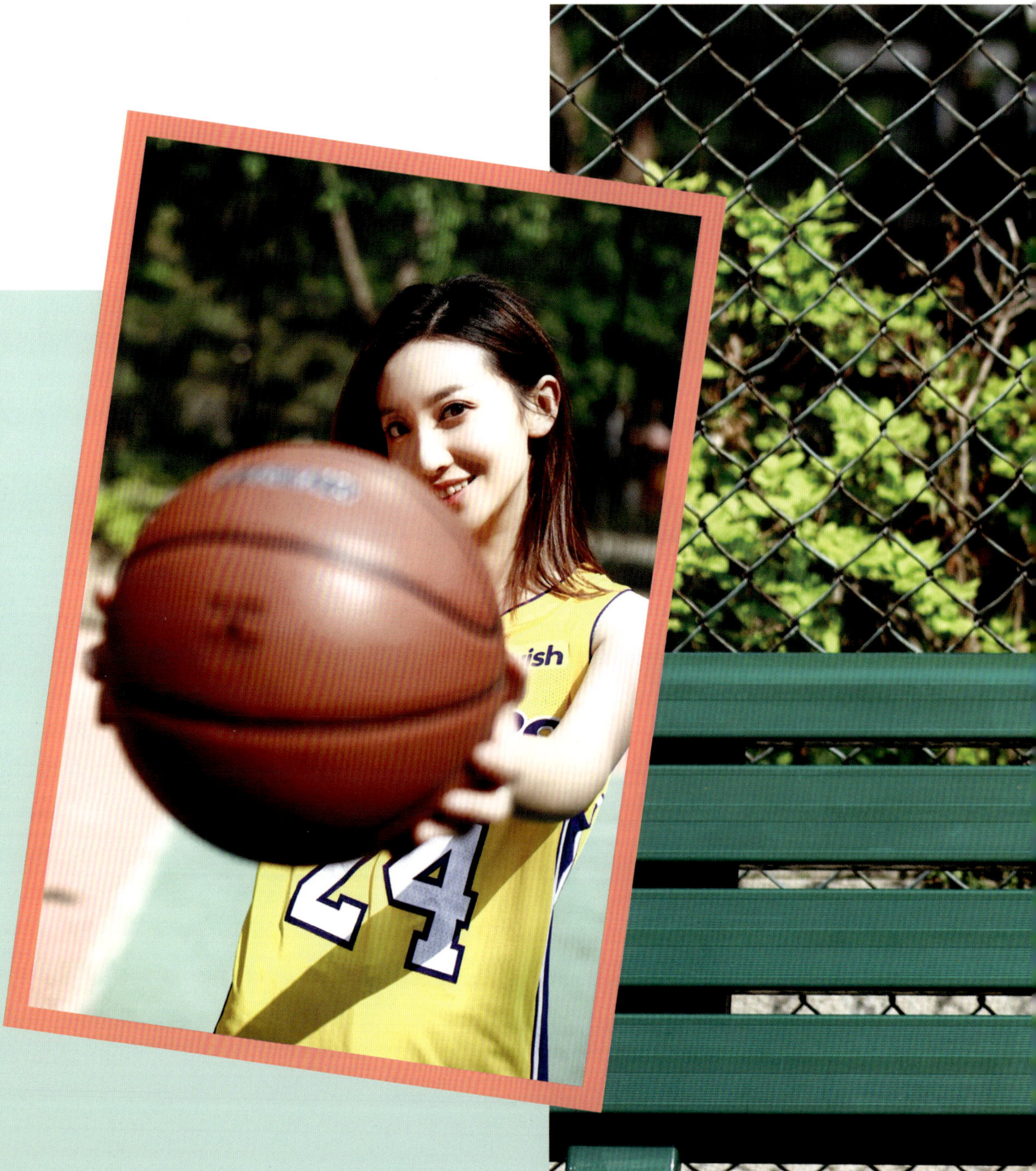
24

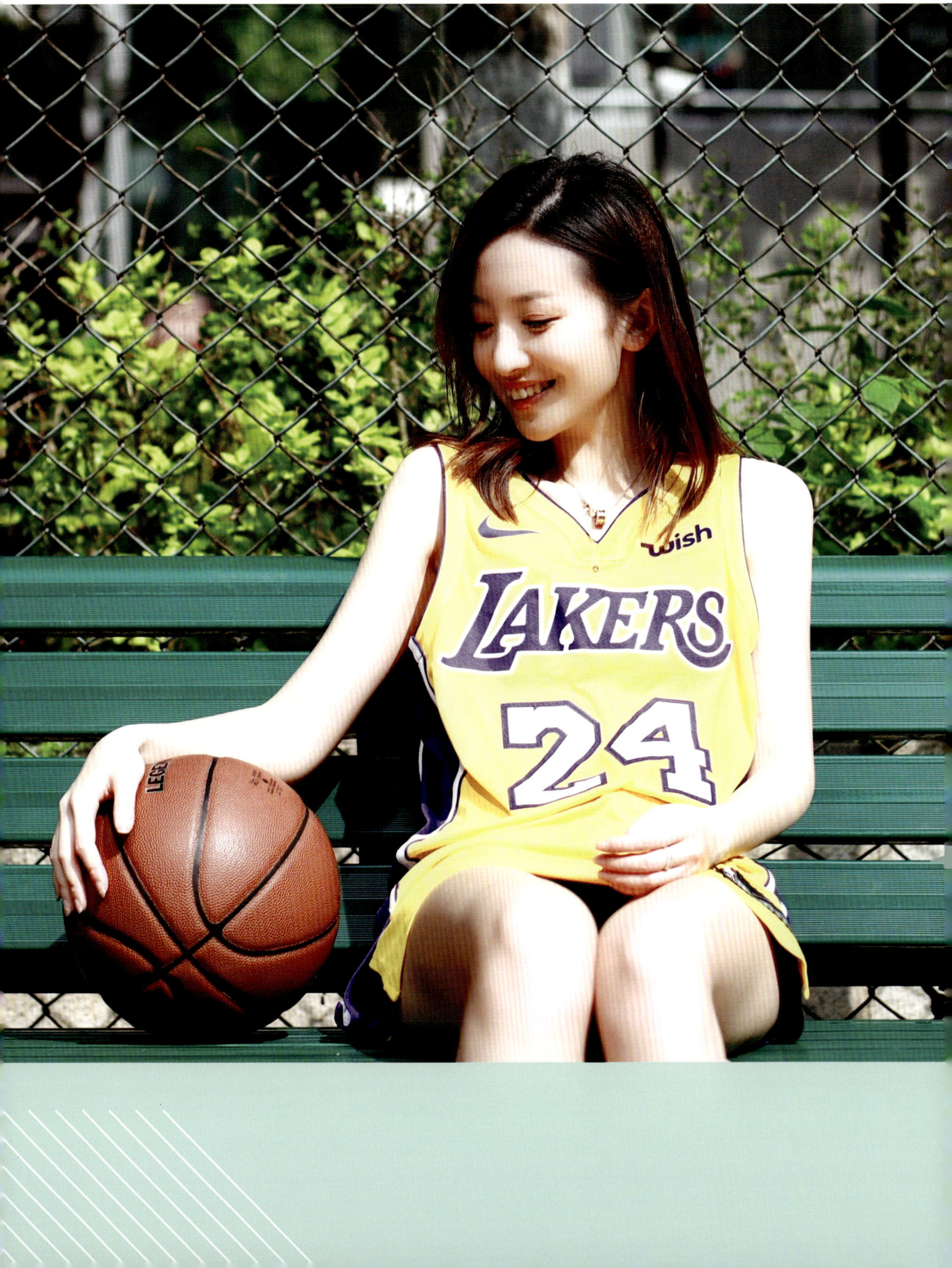
wish
LAKERS
24

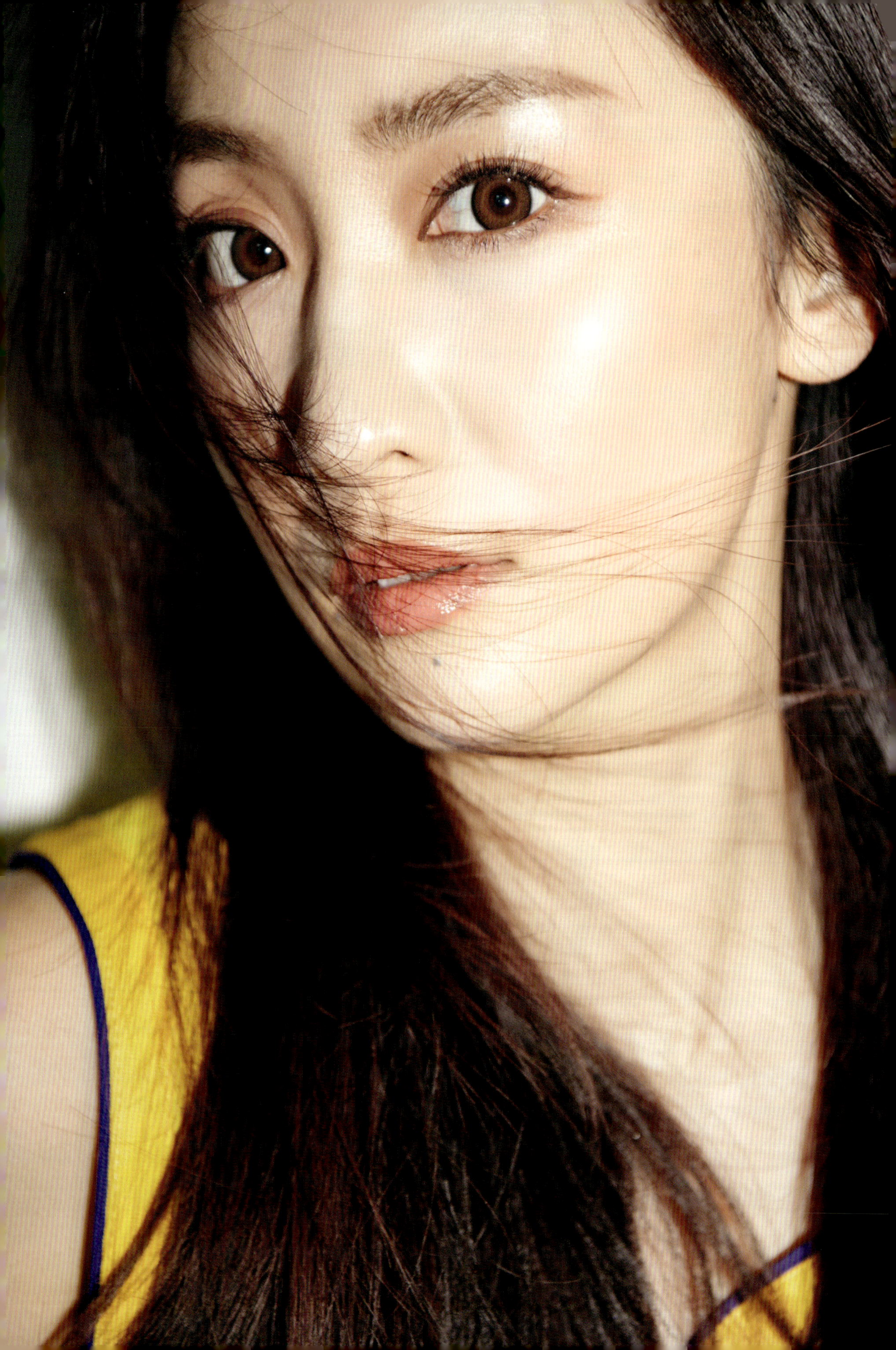

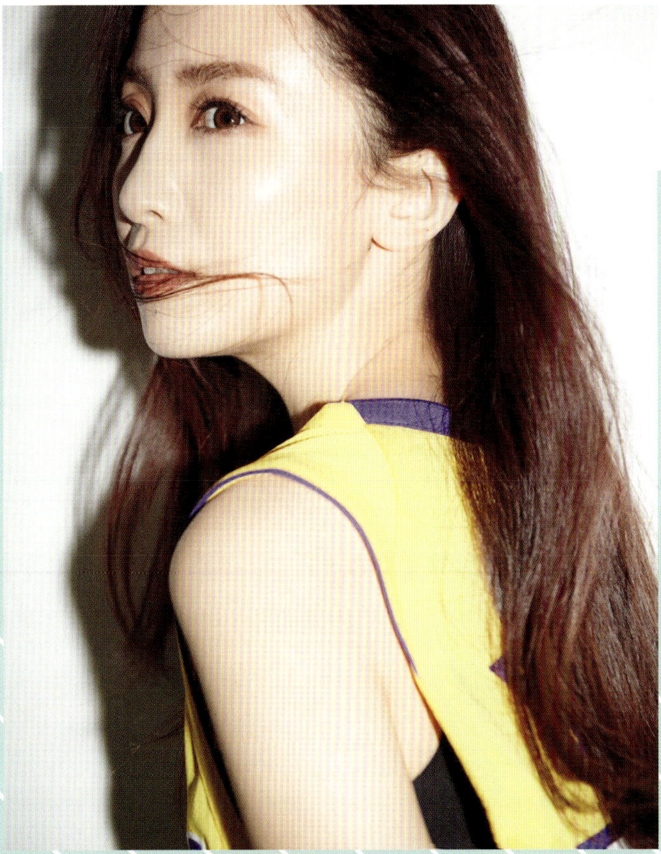
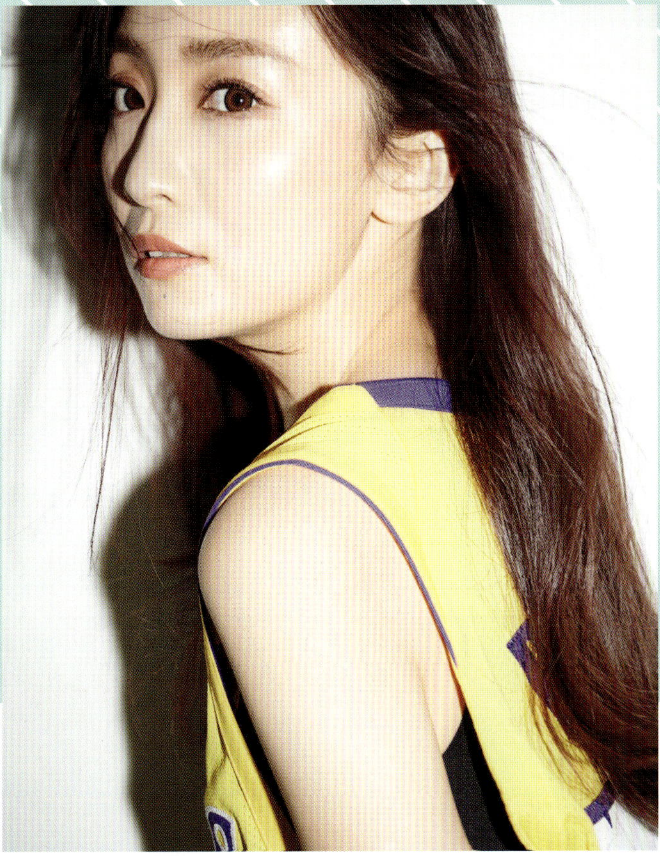

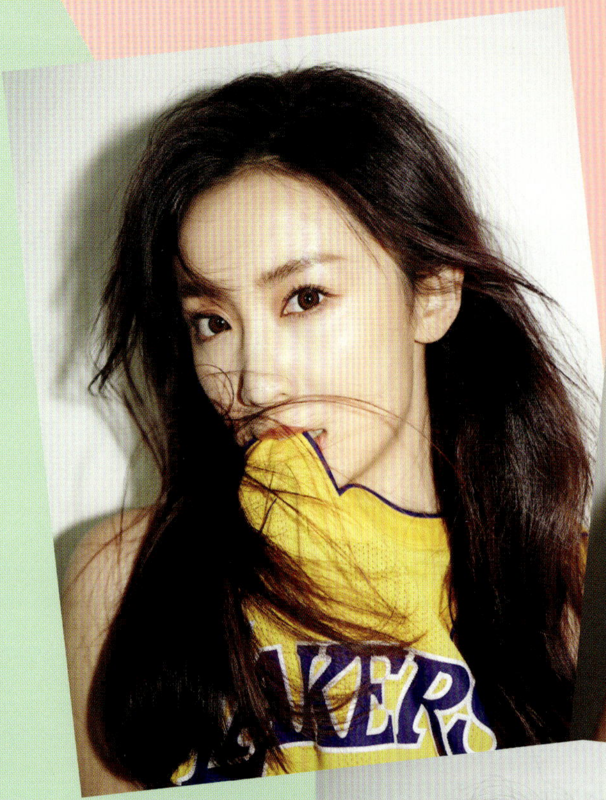

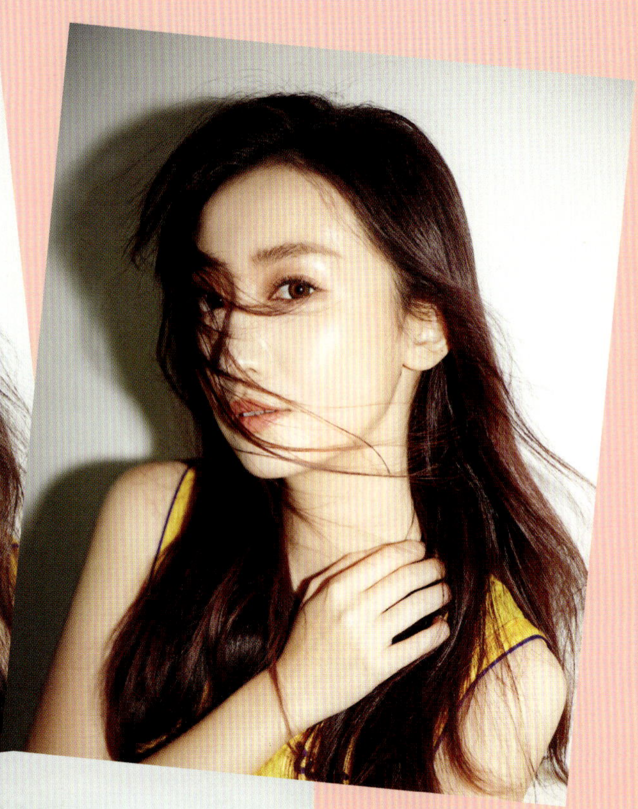

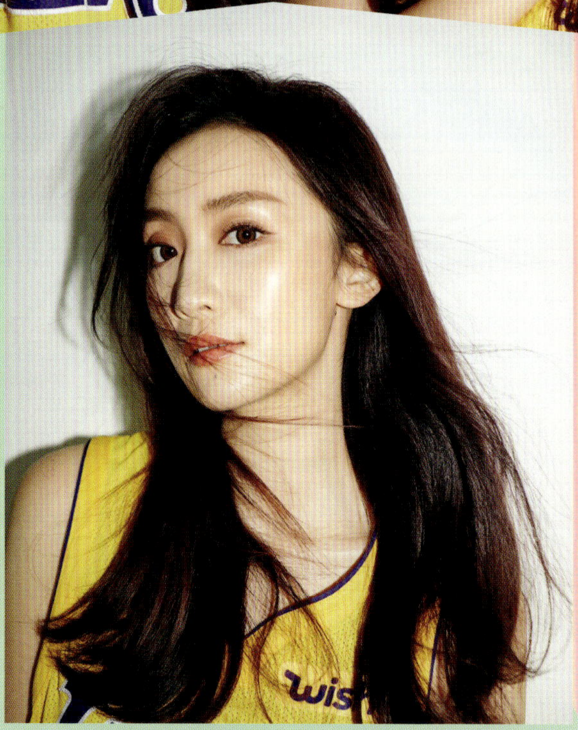

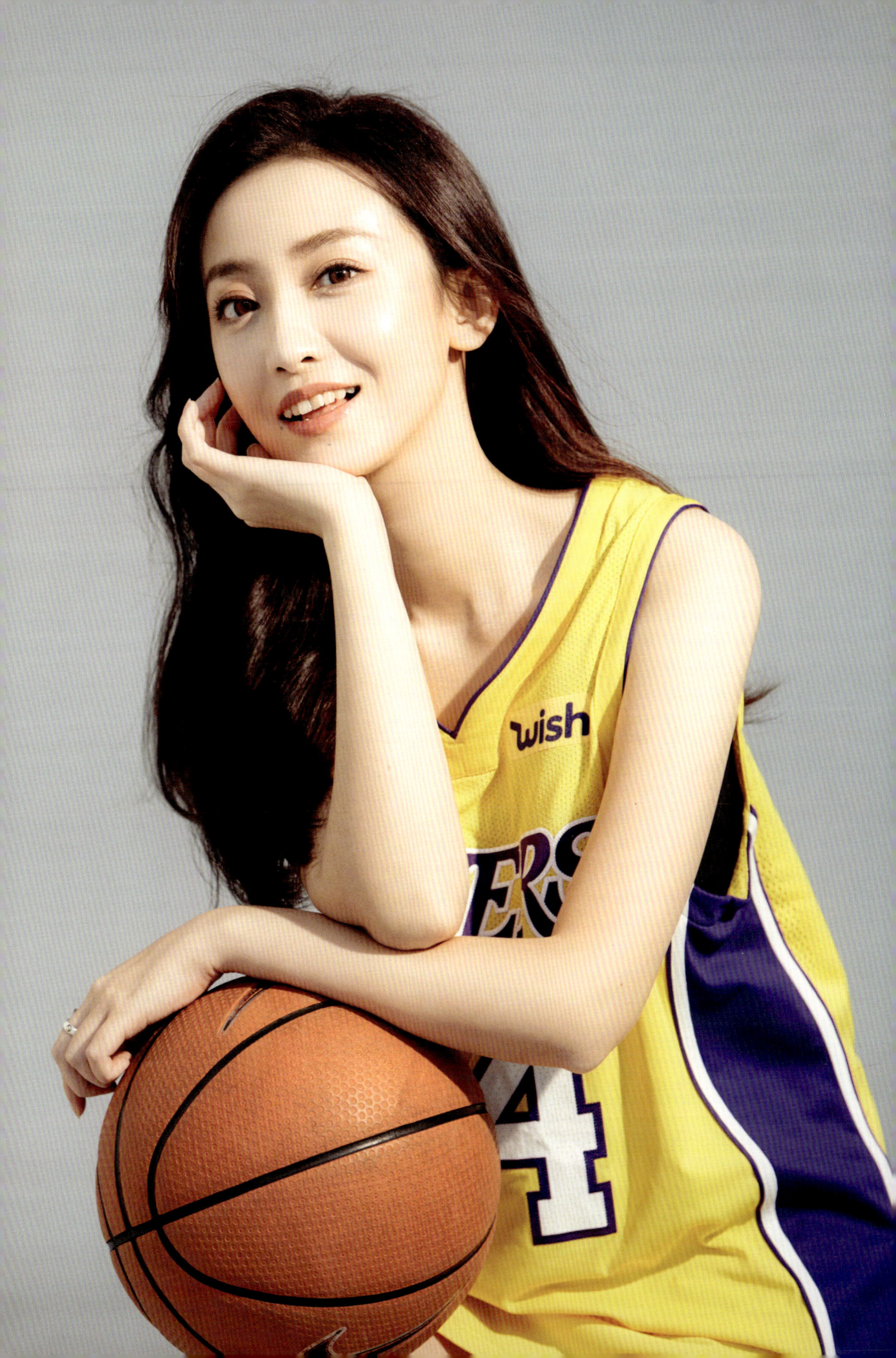
wish

我的篮球世界

"很高兴遇见你,佳依,慢慢了解你。未来我们还要陪湖人队走很久很久哦!很久很久,我想就是这段旅程的意义。爱湖人,爱老大,爱老詹,爱眉眉,爱威少,当然更重要的是爱你啊佳依。湖人总冠军,小破湖未来会越来越好。晚风很温柔,你也很温柔,爱你哟佳依。"

——骑士

"作为湖人队的忠实的球迷,怎么能不喜欢佳依呢。湖人队低谷的时候,有你一直的陪伴着,直到湖人队在2020年那个特殊的赛季捧起那该死的奥布莱恩杯。一直都有佳依的陪伴,非常开心,高兴。最后一句爱你呦(作为粉丝)。"

——斯塔普斯的湖蜜

"撩咋咧,美得很,陕西女娃永远的神。"

——……

"从第一眼看到佳依的时候,就觉得这个姐姐挺好看的,再到去年帮我上腾讯体育'我要上暂停',再后来就是今年19周岁生日当天收到佳依的签名照,我除了兴奋,更多的是感恩,最后祝佳依姐永远健康、开心、快乐!"

——王泳博

"紫金烙印Peggy心
斯坦普斯总冠军

终生湖蜜爱老大
唯爱+1 情比金

湖勇之争经典战
老詹牛皮声破音

宅家躺平melon亲
厨房烹饪刀要拎

可达黄鸭少潜水
陕西女子美滴狠"

——love 小p

"全世界都在催着你长大,我来守护你心中的童话。 +1"

——一位不愿透露姓名的fans

我的篮球世界

我的篮球世界

"斯台普斯的计时器逆向旋转，24号还在崭露锋芒，8号还是一副青涩模样，大卫·斯特恩回到选秀大会上，来自劳尔梅里恩高中的科比·布莱恩特即将登场。"

——赖大千

"走过很长的光景，才发现往事苍老模糊不清，唯独你的脸记忆犹新，当初的爱始终年轻。我们付出青春去喜欢科比，青春无悔，爱你无悔！还是那句话，当初的爱始终年轻。"

——来生请还姓布莱恩特

"爱心难逐雨花轻,
情知白日不可私。
藏人带树远含清,
头上安头甚时了。
诗好何妨恋白平,
蒲黄酒对病眠人。
佳人学得平阳曲,
依旧当时似花面。"
——杰克

"蒲扇一把,轻摇微风;
佳人依旧,曼妙婀娜。"
——小石哥

我的
篮球世界

第五章

爱情白开水

爱情是什么？

爱情如歌，她或是摇滚般那样震撼，轰轰烈烈。谁不渴望一段无法忘怀的恋爱呢？

爱情如歌，她或是中国风那般唯美，刻骨铭心。谁不期待一段甜甜蜜蜜的恋爱呢？

爱情如歌，她或是嘻哈风那般流畅，流连忘返，谁不期许自己的爱情故事完美呢？

爱情，或者说情，是一个很敏感的词。

我本不想去处理这个章节，但是思来想去，我还是想"现身说法"。说说自己身上与爱情有关的事情，或许有时候那并不是爱情。

作为一个女孩子，其实在人生的每一个阶段，对待爱情的观念是不同的。比如在18岁之前，那或许只是懵懂的情感，谈不上爱或不爱；或许在大学校园内，那是爱情萌芽的最好时期；或许工作中的爱情，变得更加现实，更加有目的性。

我不是爱情大师，也不是情感大师。我只想通过自己的经历，告诉粉丝朋友们，如何去处理每一阶段的感情。让每一阶段都有个美好的呈现，回忆起来，那是甜甜的感觉。当然也想告诉所有女性朋友们，恋爱中，要擦亮眼睛，同时也要面对现实，深陷爱情，往往伤得很深。

爱情是什么

一杯白开水

如果你有一个长长的马尾辫,是否你后桌的男生,总是用手去揪住它,惹得你大发雷霆?

如果你从篮球场旁走过,是否某个班里的男生,他的每一个投篮,你都觉得很帅很酷?

如上两个画面,我相信很多朋友都亲身经历过,很有意思的画面,却又是最纯真的开始。有人说那是一种暗恋,有人说喜欢,也有人说那是好感,是青春期的躁动。但是我觉得那些举动,它更像一杯白开水,不烫不冷,温度刚刚好,喝下去,解渴又舒适。

我曾经也拥有这么一杯白开水,甚是美好。

初三的时候,我的年纪还很小,但是就像很多刚步入青春期的女孩一样,那时候的我对待感情懵懂、疑惑、挣扎和羞涩。

我和一个男生同桌,他学习很好,在班里名列前茅。而且他个子很高,打篮球很棒,是班里的体育委员。学习好、个子高、打篮球又厉害,班上很多女生都"暗恋"他,当然也包括我。更何况我还是他的同桌,好几次我都看到有女生趁中午吃饭,偷偷给他课桌塞纸条。

有一次开家长会,我妈还夸他很阳光、很帅气,弄得我们俩都有些大红脸。当时我们俩坐同桌,似乎有着朦胧的情愫。这是我青春期的一个小小秘密,初三那年我觉得自己一直挺喜欢他。当然,我不知道他是不是喜欢我。

在彷徨中，初中就慢慢地过去了。当一个暑假已过，我突然发现自己原来没有那么喜欢。或许因为同桌关系的朝夕相处，加之青春期的到来而产生的一种莫名情愫吧。然而我与他的故事并未终结。

初中之后，他考上当地最好的高中，而我的成绩一直都是中等，没办法考上同一所学校。他上的高中离家很远，需要住校，每周才会回来一次。一开始，他每周回来就会给我和其他同学带一些他们学校的考卷。

当然我也不会去做，主要趁这个机会和同学们见一面，一起吃顿饭。因为除了他，我们几乎所有朋友都上了我所在的高中（听起来像狐朋狗友）。当时，内心的莫名情愫还在，但我们俩就是没人说。

其实在高中这个阶段，是严禁早恋的。当然，直至现在我也不

鼓励我的小粉丝们早恋。或许就是因为内心的惧怕，我们两个始终无法敞开心扉。

有意思的是，他的好哥们儿和我在高中一个班级。有一天，他突然把我叫到一旁，问我是不是"暗恋"初中同桌，让我和他实话实说。当时我内心很纠结，就怕他告诉我"暗恋"的那个男生。于是我还警告他，你不能告诉他，你要告诉他的话，我们俩连朋友都没得做。

可是他直接无视我的警告，初中同桌当天晚上就过来找我。他直白地问我："你是不是喜欢我？"我很强硬地说："是又怎么了？"

结果，他说他一直也很喜欢我。我当时受宠若惊，原来我们俩一直不是单方面的暗恋，而是互有好感。

似乎在这时候，该上演偶像剧戏码了。然而并非如此，可能是小女孩当时脸皮薄，又死要面子。我说，我之前是喜欢你，但现在不喜欢了。随后，我一下子就跑开了。一切也就没有后续了，我们依然是好朋友。

多年之后回想，那或许不是恋情，只是某一时间段的友谊的升华。那是属于我们那个年龄，独有的美好的回忆。

我不提倡早恋，但是我希望，每个阶段的故事都是美好的。

一杯深情水

其实,从小我还是有些叛逆的,因为在高二那年,我还是早恋了。不过我隐瞒得很好,父母、老师,甚至周围的朋友都不知晓。

当然,对于我当时的年龄来说,也谈不上轰轰烈烈,尤其是高二和高三那两年,甚至有点平平淡淡。

与初中同桌的故事"无疾而终"之后,我并没有像小说、电视剧中的主角一样,变得颓废和焦躁,或许那真的只是朦胧的情愫,很快烟消云散。而故事的发展却又像小说一样,兜兜转转。我竟然和初中同桌的好哥们儿在一起了,而且一切都是那么顺其自然。

是的,我人生中的初恋正式登场了。他很爱打篮球,或许可能也是因为他爱打篮球,我才对他动心的吧。我们俩在一起故事很多,甚至有偶像剧的感觉。

高中时,大家的零花钱都不是太多,但我的抽屉里每天都有一份肯德基早餐。这在当时已经很奢侈了,他每天都给我带。不过一开始我觉得没什么特别的,直到有一天我闺蜜和我说,他为了给我买早餐,自己就没有早餐吃

了，只能天天啃馒头。

就那一瞬间，我想我应该是"破防"了。现在想想，这样的坚持确实很珍贵，宁可自己饿着，也要对你好。而且是那么简单、纯粹，简简单单的恋情，一些细节的感动。

我们文理科分班之后，因为学习的原因，我俩见面的机会并不多。抽屉的早餐，依然每天都在。我虽然不觉得这是理所应当，但是突然觉得自己已经习惯了他对我的好。我想我不能再错过，于是我主动找到他，那天中午我们一起去植物园玩，正式开启了我的早恋生涯。

我爸妈一开始并不知道我早恋，我一直瞒到了大三。当时他们

还在好奇，为什么我在大学还是不谈恋爱。直到我和初恋男友分手之后，我才和我妈妈说，其实我俩从高一就在一起了。妈妈笑嘻嘻地说，她其实早就这么怀疑我了。

我们俩在一起七年才分开，分手之后虽然没有交恶，但的确已经没有办法做朋友了。七年爱情长跑，分分合合非常复杂。我来到北京上了中国传媒大学，他在高考结束后也出国了。不过即便如此，我们还是坚持了很久的异国恋。这些年，或者是他飞回来找我，或者是我飞过去找他。虽然远隔重洋，但我们都相信有一天会苦尽甘来。

没有意外，我们遭遇了所有异地恋都会面临的困难。虽然可以长时间视频对话，但无法面对面感知对方。于是，会有很多委屈的事情，没有办法立刻见面告知对方。也许有的时候，原本只需要一个拥抱就能解决的事情，因为异地而变得复杂。而且，我从大三开始就参加了工作，我们俩的脚步不一致，他不太能理解我在职场中遇到的问题。

关系维系得愈发艰苦，异国恋比异地恋更加糟糕，两个人的理解开始变少。有时候我想，如果我们能面对面交流对话，有些矛盾真的可以轻松化解。但命运有时候就是那么爱开玩笑，有的情侣是因为太亲密失去了新鲜感而分手，而我们却是因为无法面对面逐渐失去纽

带。如果说上学的时候，还有时间可以飞到异国见面，那么到我开始工作了，最后的希望也破灭了。

最长的一段时间，我们大半年都没有见面。长期无法见面，真的是一件特别伤感情的事。我曾经和七姐说，就连吵架，也只能隔着手机屏幕吵。结果只能是越吵越凶，最终吵得两个人都身心俱疲。

也许是真的累了，坚持不下去了。不知道在哪一天，不知道又为了什么事，我们又吵了一架。像之前赌气时一样，我们说了分手。第二天两个人又都心软了，于是又开始一段相对平静的日子。但又不知是哪一天，不知为了什么事，我们又吵了一架。这一次，我们又赌气说了分手。可是这一次，我们都没有再心软。

坚持了这么久，却还是分手，身边的朋友们都不能理解。类似的高中恋情一上大学基本都分手了，只有我们俩异国恋最不被看好，原本早该分手了，却坚持了下来。我抵挡住了身边围绕着的形形色色帅气男孩的诱惑，他也忍受住了长期孤独的异国生活的各种困难，但最后，更多是因为距离带来的不安全感，使我们没能走到终点。

其实我们分手的时候，距离他回国已经只剩下最后半年了。但这半年，还是成为一道难以逾越的天堑。我们原本坚信的永恒的炙热的爱情，终究，还是离我们远去了。

但我还是庆幸在人生最美好的年华遇到一个对我好的男孩。他让我的青春有了值得回忆的故事，虽然没能走到最后，但人来这一世，探索一切未知，不正是人生的意义吗？

爱情、婚姻的期许

热恋中的男女,每时每刻似乎都在品尝爱情的甘甜。恋爱失败的男女也总说,爱情是一瓶毒药。爱情,就是这么奇妙的东西。每个人都向往它,但个中滋味,如人饮水,冷暖自知。不同的年龄阶段,有不同的方式。我们要大胆去爱,也要认真去爱,最重要的是,等待那份属于你的真正的爱。爱情没有将就,如果重来,也要努力让它成为最完美。

我的七年爱情情长跑,最终无疾而终,到最后真的是已经失去了热情。人的第六感有时候是极为准确的,当你自己产生厌倦时,你应该相信他也能感受到你的厌倦。我记得我在大一的时候,有一位师姐失恋,坐在操场的看台上痛哭,哭得撕心裂肺,我在她身边也不禁落泪。当时我和男朋友说,我永远也不要这样。

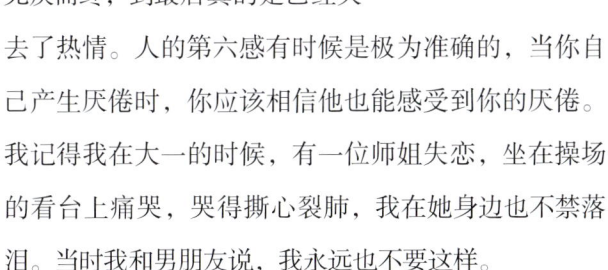

但当分手那一刻真正到来时,我没有这样的感觉。是爱得不够深吗?我不知道。我只知道,我反而

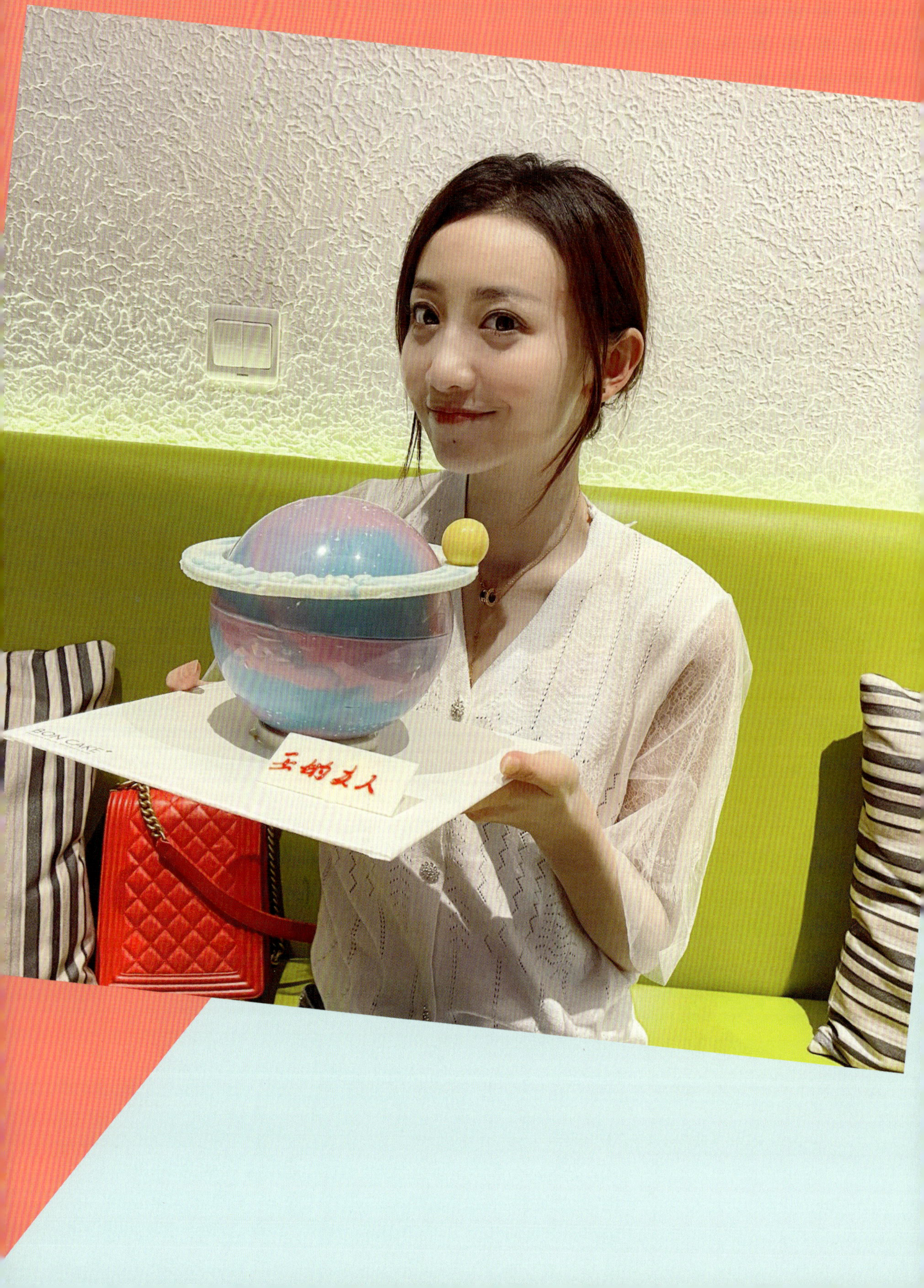
BON CAKE

松了一口气,就像是鱼儿在水里被闷坏了,露出湖面透气的感受。但后知后觉,之后的几天我也哭了几场。我意识到,这一页终归还是翻篇了。

分手之后直到现在,我生活的重心已经全部扑到了工作上。没有了爱情的"羁绊",我也更加专注于提升自我。我依然相信,具有独立人格的女性,才会散发最迷人的魅力。但我依然渴望爱情,哪个女生不想要甜甜的爱情呢?而我选择男朋友的标准一直都没有变过,那就是阳光的善良大男孩。

上一段恋爱经历对于我的恋爱观与未来计划,产生了很大的影响。以前的我在恋爱中可能会特别任性,或许是习惯了他对我百依百顺,以为一切对我好是理所当然的,而我可能没有付出等量的回报。但在和初恋男友分手之后,我知道自己不能再那么任性。我慢慢意识到恋爱一个很重要的基础,就是两个人要平等相待。

我想自己应该不会再谈很长的恋爱了,毕竟也算是一枚"老阿姨"了。一旦再次开启很长的恋爱,如果最后还是没有结果,整个人对待生活的热情会再一次丧失。上一次从失恋中走出来花了我不少时间和精力,我不想再重来一次。

而且我现在的身份,或许单身是更好的选择。作为女主播,如果我们谈恋爱,不可避免会影响一些男粉丝。虽然这不是影响我开启一段新恋爱的决定因素,因为爱情在我生活中的角色,绝对是在我的工作之上的。但是可能我会选择权衡利弊,可能不会公开恋情,因为这毕竟是自己的私事。

但总而言之,现在的我依旧像17岁那年一样,会为了爱的人奋不顾身,会勇敢地奔赴爱情,期待爱情。

如果遇到喜欢的人也恰好喜欢我,我会接受,但目前我的主要精力还是放在工作上,对我而言,工作的顺利会让爱情来临时更加从容和美好。

之前一直觉得婚姻离自己还挺远，但转眼发现自己身边的人，已经有开始步入婚姻殿堂的了。这一刻，我真的觉得自己早已不是那个豆蔻少女了。对待婚姻，我同样也是随遇而安。我觉得婚姻应该是爱情的延续，而不是爱情的坟墓。为了结婚而结婚，不是我人生的信条。

我没有特别喜欢小孩，但我也不是个丁克；我没有必须在30岁前把自己嫁出去的想法，同样我不会一定等到事业有成再结婚。对于爱情、婚姻、孩子，我现在的想法就是四个字：随遇而安。尽人事，听天命，这样不是很好吗？

工作与家庭，我也不会顾此失彼。在这点上，我妈给我做了一个好榜样，我应该向她学习。但之于我，家庭一定是最重要的，如果未来发生了冲突，或许我会做出取舍。但谁在乎呢？我现在还依然在陪你们看球，湖人队还要继续拿总冠军呢！一万年太久，只争朝夕，过好当下，才是最重要的。

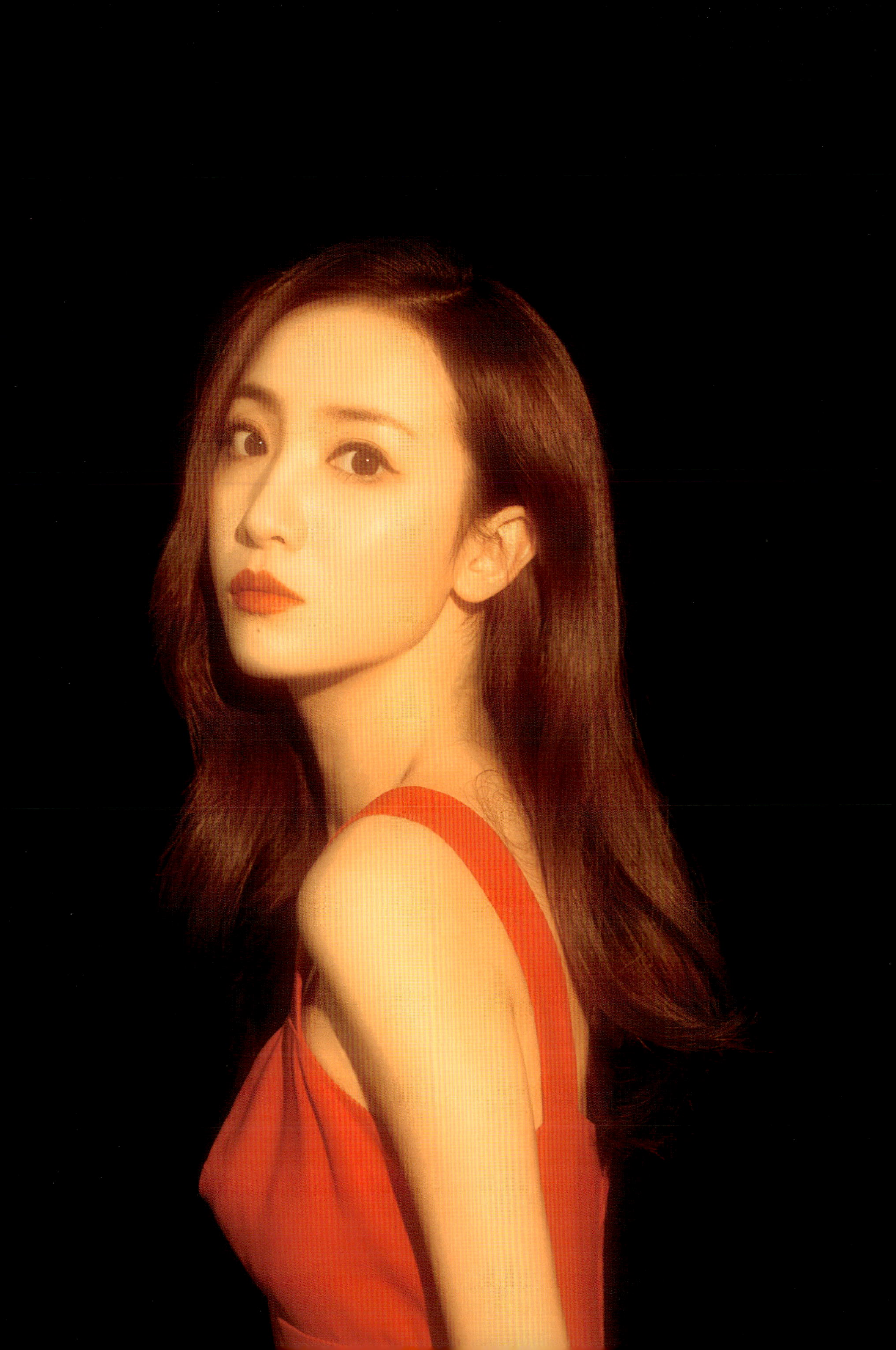

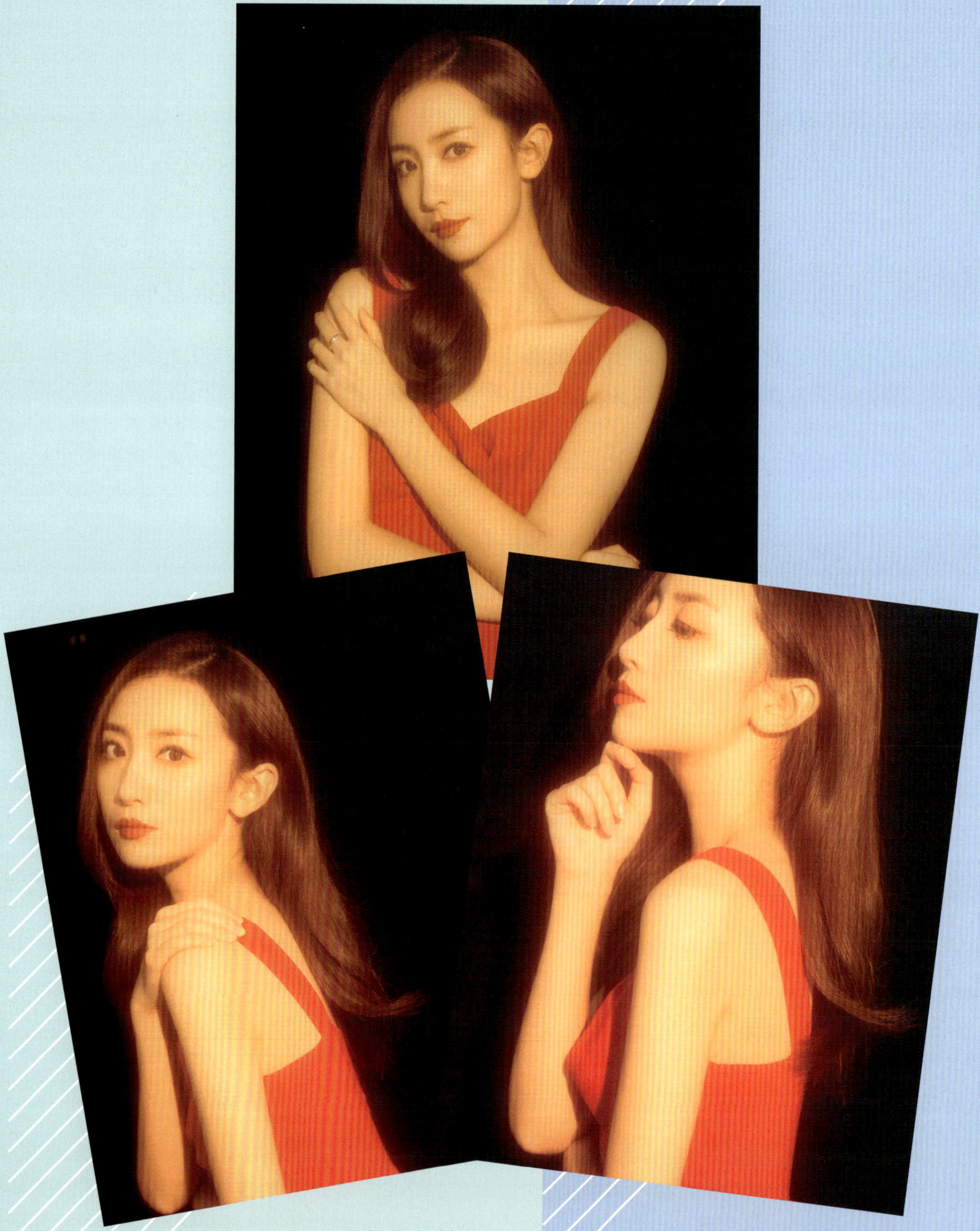

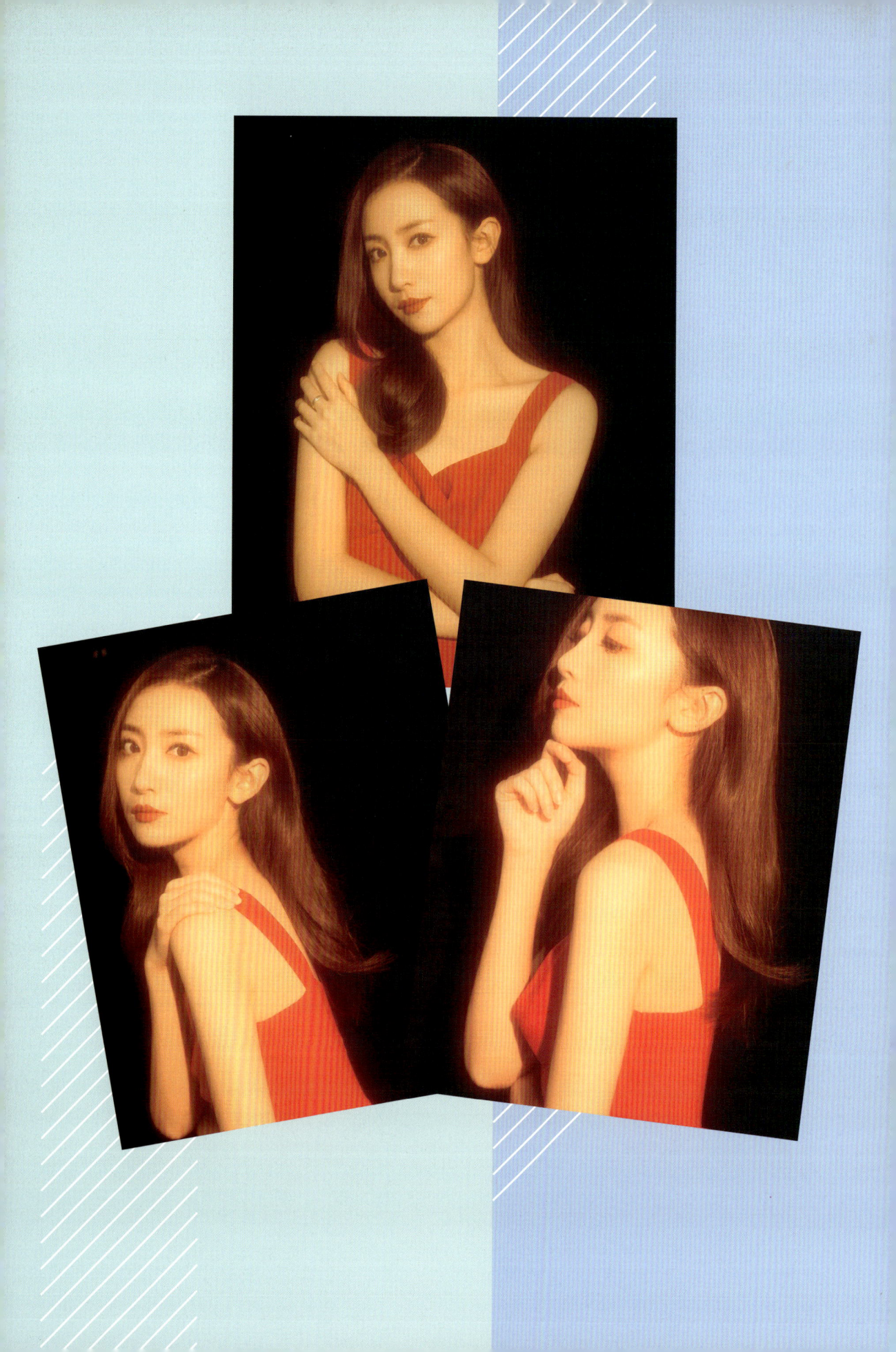

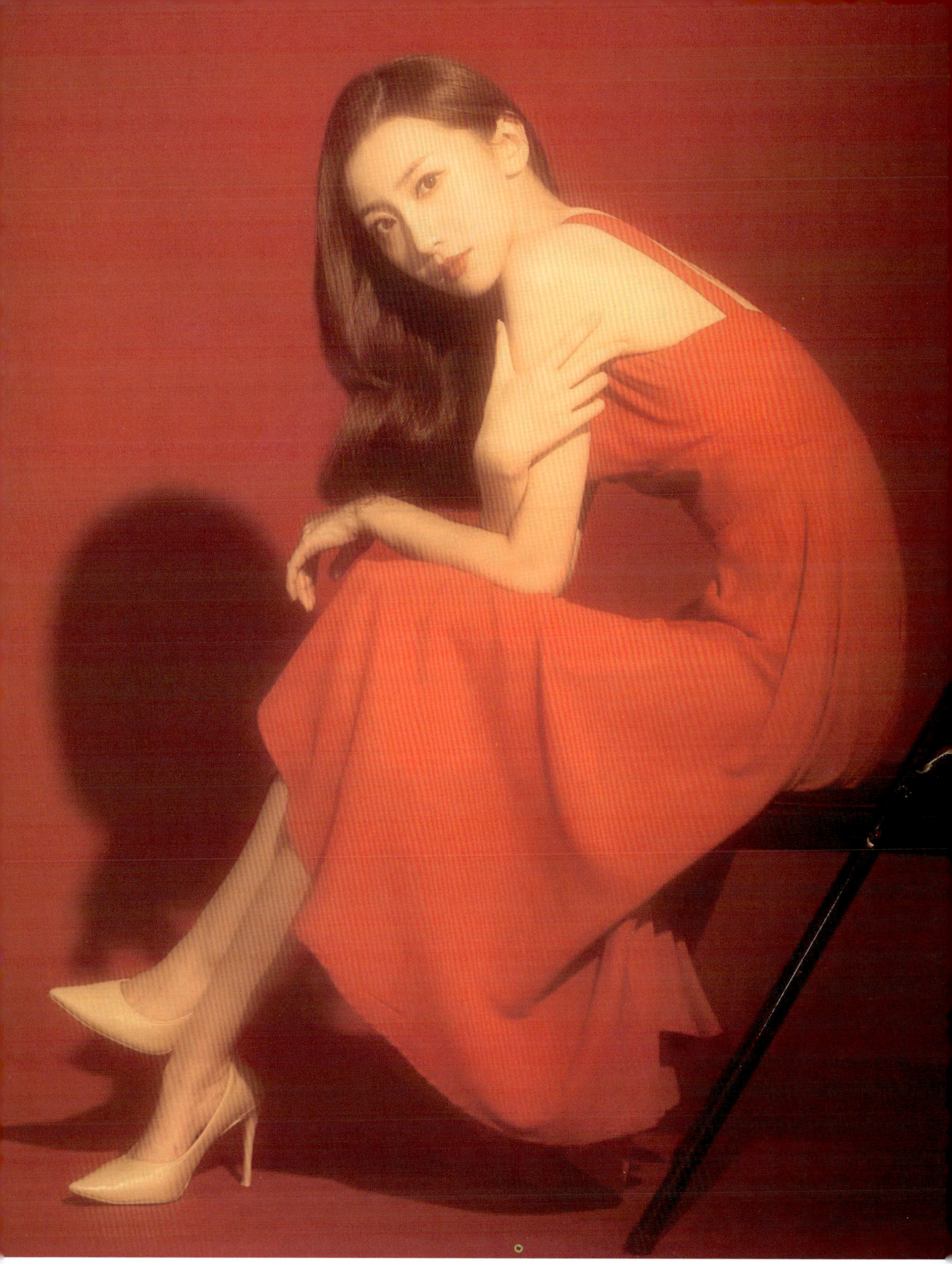

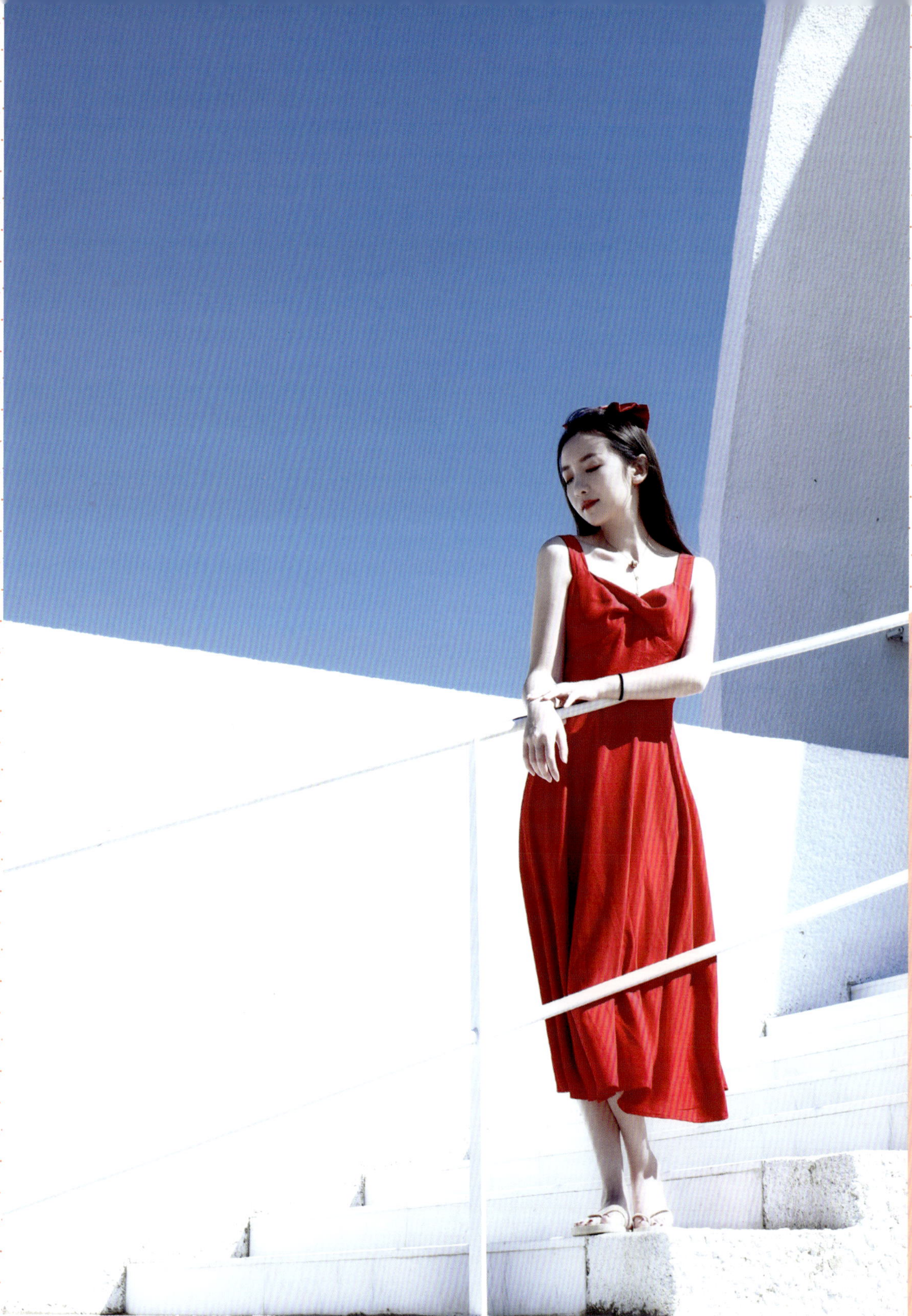

阿那亚礼堂
aranya community hall

BELIEVE

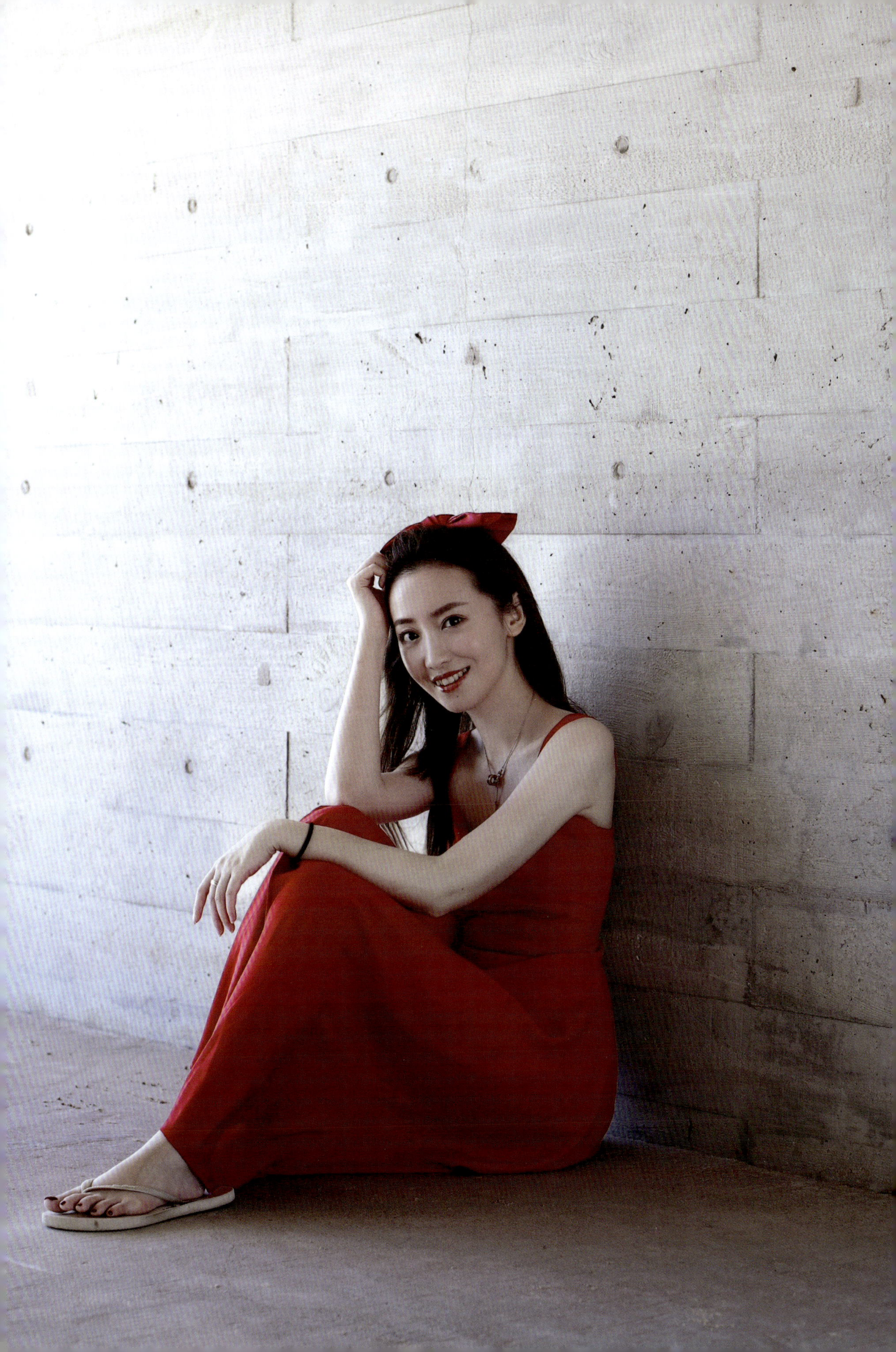

> 我的
> 篮球世界

送给拉塞尔·威斯布鲁克

　　你有着一颗总冠军的心，从来不会为自己找任何借口，每一场比赛都会倾尽所有，这就是你职业生涯的最佳写照。从雷霆队到火箭队再到奇才队，今年夏天又正式加盟湖人队，在詹姆斯身边，你将实现夺得总冠军的夙愿，威少，你的荣誉簿上不能再缺少这项桂冠。

送给凯文·杜兰特

  他曾经因为加盟在总决赛刚刚击败自己的球队而遭到铺天盖地的谩骂;他用小号回怼球迷"打不过就加入对手";他在社交媒体点赞美女;他在直播间跟蕾哈娜打嘴仗……这就是杜兰特,一个球风独特而真实的人,毫不虚伪,敢作敢为。

我的篮球世界

BASKETBALL

送给詹姆斯·哈登

> 我的
> 篮球世界

  2003年，刚上高中的你甚至还不会扣篮。但是短短六年后，你已经成为雷霆队的重要火力点。2012年，你来到了姚明曾经效力的火箭队，穿上13号球衣成为当之无愧的核心。虽然有人说你是"毒瘤"，说你拖累了球队，但更多人知道你是真正的巨星。也只有当你走了之后，火箭队才明白你的重要性，否则他们为什么要退役你的13号球衣？

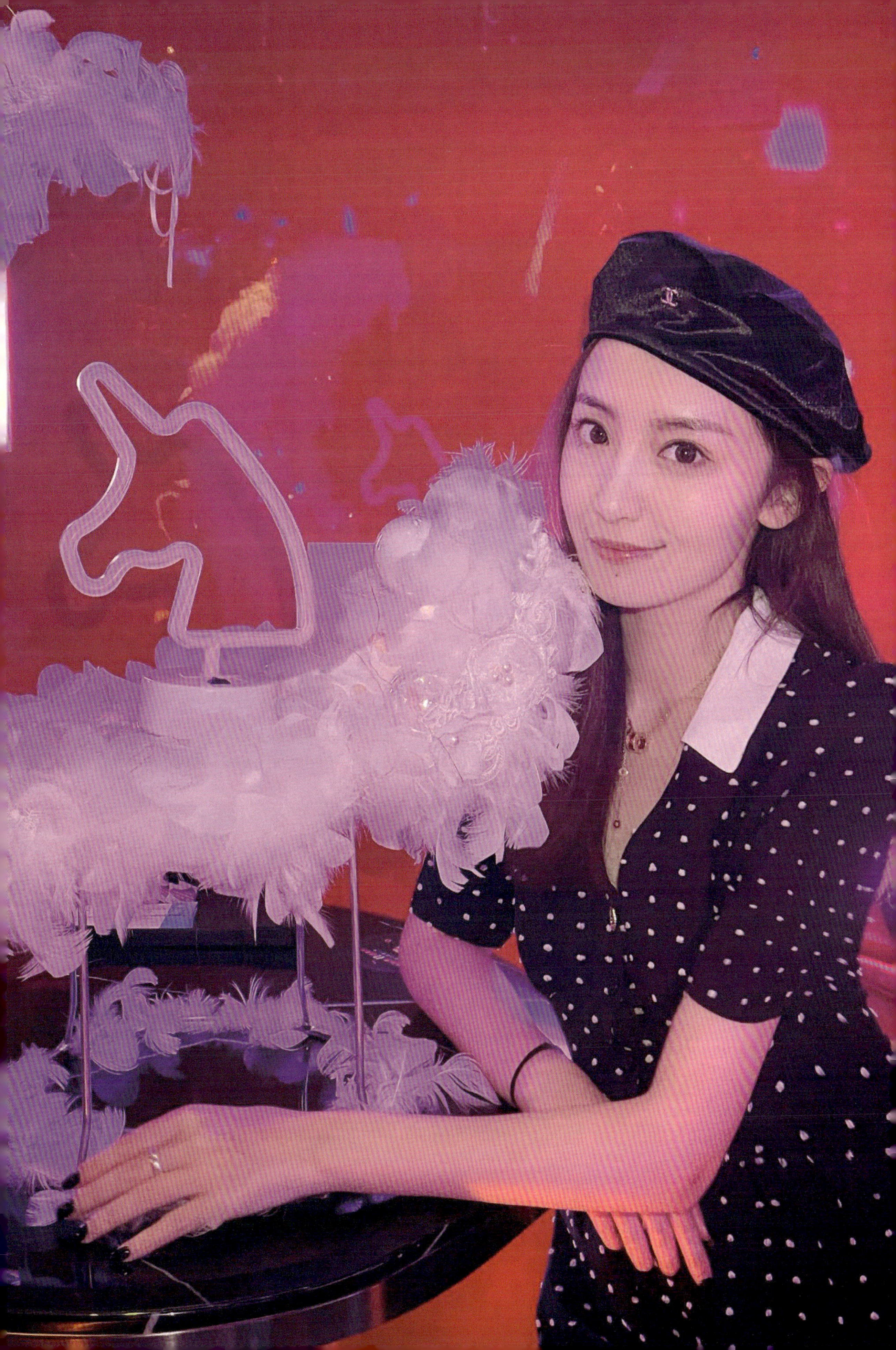

第六章

让梦想
照进现实

生活，需要一些畅想，也需要一些如果。

我经常自己坐在窗台前，想着很多事情，关于亲人，关于工作，关于篮球与科比。

当我陷入一个深思的环境时，我总感觉头脑中的万千思绪都是现实。

这或许就是让梦想照进现实的一种洒脱。

你，我，在成长的生活中，其实都经历了很多。

有过后悔，有过惋惜，有过不甘，有过遐想，更有过假如。

比如现在的我，曾经想过这些：

假如，我的生活中有一个弟弟，我的成长轨迹，又充满怎样的欢声笑语？

假如，科比那天乘坐的不是直升飞机，那又该多好啊？

假如，我的生活中没有篮球，我会选择什么让我的工作丰富多彩？

假如，你正在看我的书，我又会怎样让你满意我浅白的讲述呢？

我们每个人，都喜欢去想着太多的事情，但这其实就是生活。

我，以及每一位朋友，都渴望着一切梦想成真。

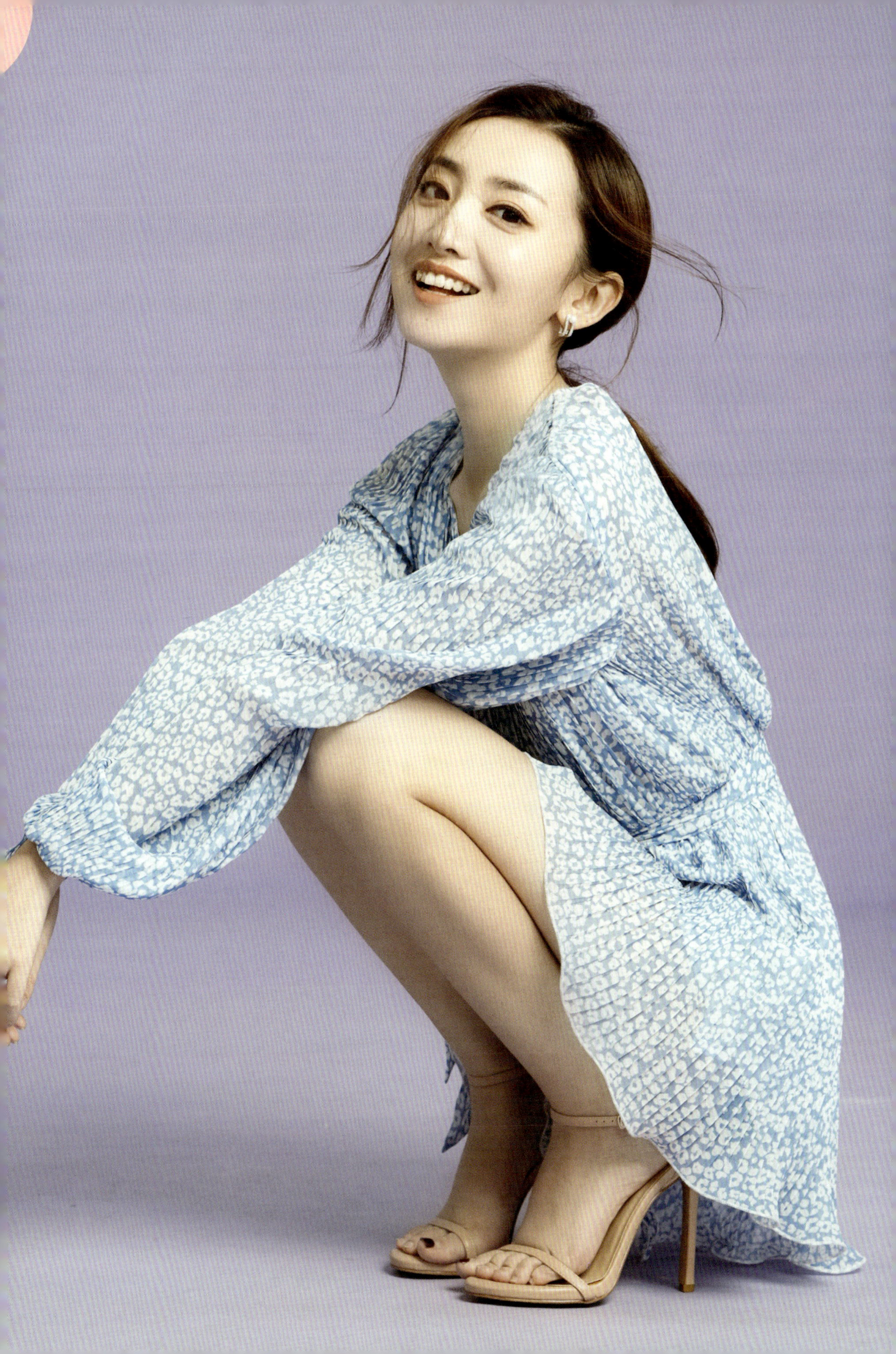

假如我有一个弟弟

正如前文所说,我小时候非常渴望有个弟弟或妹妹,甚至还央求过爸妈再生个老二,可惜遭到了无情的拒绝。

相比妹妹,我更希望有个弟弟。

假如我有一个弟弟,我可能会摆出大姐姐的架子逗他、"欺负"他,让他从小就对我这个姐姐唯命是从,不敢有任何反抗。他可能不会听父母的话,可能会对父母的话置若罔闻,但他一定很听我的话,一定会把姐姐的每一句话都当作"圣旨"。

他小时候一定很淘气，可能会把家里搞得鸡飞狗跳。那时候，我一定要摆出姐姐的架势，给他摆事实、讲道理，实在讲不通道理就"拳脚相加"，总之一定要管住他的脾气，不能让他任意妄为，成为家里谁都不敢惹的"小皇帝"。只有这么一个弟弟，我绝对不能让他因为过分的溺爱，而变得毫不讲理。

他一定长得很帅。就像我曾经多次强调过的——我真的很美！我的美，很大一部分基因来自爸爸、妈妈。因此，如果我有一个弟弟的话，那么遗传了父母基因的弟弟一定会非常帅，又高又帅，我带这样的帅哥上街肯定倍儿有面子，说不定还能让他假装我的男友，让我那些还不认识他的姐妹们羡慕嫉妒恨。

肯定会有很多女生来巴结讨好我，希望通过我认识弟弟。面对我，这些女孩子必定会笑靥如花，送上她们给弟弟精心准备的情书和各种小礼物。当然，这里面也少不了要有我的"好处费"，要不然，她们怎么能肯定我一定把情书和礼物交给了弟弟？

在他找女朋友的时候，我一定要帮忙严格把关。不是我这个姐姐信不过老弟，而是我希望弟弟的女朋友，必须要能跟我成为闺蜜。我不能让弟弟"重色弃姐"，把我这个老姐晾到一边不管。

我一定在别人面前掩盖住我大大咧咧的性格，让弟弟萌生对姐姐的保护欲。男孩子嘛，从小就要当顶天立地的男子汉培养，我不能整天女汉子附体保护他，让他不懂得担当。虽然他在家里可能是焦点，但是在外面，我一定要让他成为我的保护神，懂得一个男子汉的责任。

我要让他成为全天下最幸福的弟弟。我有了好吃的一定第一时间想起弟弟，出去玩儿的时候一定带着顽皮的弟弟，睡觉的时候怀里也要抱着弟弟。虽然我的肩膀也很稚嫩，但是我要托起弟弟，让他不受一丝伤害。我要成为弟弟的天，成为弟弟的依靠。

我们肯定少不了争吵。可能因为鸡毛蒜皮的一件小事，我们就会赌气互相不理。但不管吵得多凶多狠，我和弟弟都要很快和好。他喊

一句姐姐，能溶解我心中所有的敌意；我叫一句弟弟，就能让所有的矛盾和干戈消除。

我希望我们之间能有不让外人知道的秘密，哪怕是父母也不行，这个秘密只有天知地知、我知他知。好姐弟，共守一个秘密！当我们"反目成仇"的时候，可能会拿这个秘密互相要挟，但是，谁都不会真的将这个秘密说给别人听。

我还希望在我离家的时候他不会哭泣，他不会追在我的屁股后面，哭着喊着："姐姐别走！"我希望他无论心里多么舍不得我，也要潇洒帅气地说一句："等你哦！"那才是我的弟弟，不管心里有多少难过，脸上永远都是满不在乎的笑嘻嘻。

我的男朋友必须要跟他成为哥们儿，我不能因为爱情而疏远亲情，忽略了我梦寐以求的弟弟。他俩关系铁得要像能一起上刀山下火海的兄弟。当然，我才是他俩唯一的女神，只要我一声令下，他俩必须"割袍断义"，只能将我捧在手心里。

我还有很多很多的话想跟他说，也希望他能告诉我他内心最深处的秘密。我希望我们不只是姐弟，还是最好的朋友、最好的哥们儿，能够一起哭天喊地，能够一起上九天揽月，一起下五洋捉鳖。

我漂泊在外，一年回不了几天家。如果我有一个弟弟，希望他在父母的身边，代我诉说着那些亲情的故事。小时候，我陪伴在父母的身边，父母也陪伴在我的身边。但是当时光飞速流逝，陪伴已经变得那么奢侈。

假如我有一个弟弟，那或是一幅幅温馨的画面，关于成长，关于陪伴，关于亲情。

假如科比没有坐直升飞机

2020年的1月26日,世界体坛之殇。

这一天,科比·布莱恩特和最有可能继承他衣钵的女儿Gigi,因乘坐的直升飞机遭遇事故而身亡。这是黑暗的一天,科比和他女儿永远地离开了我们,但如果那一天,科比乘坐的不是直升飞机……

假如科比那天坐的不是直升飞机。

也许那天他会看着女儿Gigi和她的队友们迎来又一场胜利。几年之后,也许科比会坐在WNBA(美国女子职业篮球联赛)比赛的场边,看着自己心爱的Gigi像他当年一样,在赛场上呼风唤雨,将曼巴精神发扬光大。科比将坐在那里,注视着飞奔的女儿,眼睛里都是自己18岁的样子。

曾经有一位球迷,在科比面前让他生个儿子继承衣钵。Gigi当着

科比的面回应道："嘿，我就可以了，不需要一个男孩去继承这些。"自信、骄傲、努力的Gigi，是多么像科比啊。虽然在这个世界我们无缘得见，但也许在另一个世界，Gigi不会让爱她的父亲失望。

假如科比那天坐的不是直升飞机。

2021年4月16日的名人堂现场，将会迎来NBA历史上最星光璀璨的一夜。加内特、科比、邓肯（蒂姆·邓肯），1995年、1996年、1997年进入NBA的三位天之骄子，会在这一夜携手进入篮球最高的荣誉殿堂。也许在典礼上，科比会感谢自己的偶像，也就是名人堂引荐人乔丹，笑着回忆当年初出茅庐、年少轻狂的惊人之举；也许，科比会调侃老队友奥尼尔，再次比出五根手指，OK组合相爱相杀20年，但史上最强二人组的评价不会有任何质疑；也许，科比会提及邓肯、加内特，没有伟大的对手，也不会有伟大的自己。

我们会看到瓦妮莎带着四个女儿，在台下为丈夫和父亲又一次喝彩；我们将看到无数的中国球迷，在凌晨5点又一次为老大欢呼；我们也许还能听到，科比那句经典的"Mamba Out"。

假如科比那天坐的不是直升飞机。

2021年的斯台普斯球馆，也许会重新迎来科比的身影。这支他深爱的球队，终于重返巅峰，我想他会回来的。2021年的NBA总决赛，看着曾经险些和他一起搭档的保罗打进总决赛，也许科比也会来到相隔不远的亚利桑那州，给老伙计加油助威。

也许在场边，还会看到Gigi吧。科比一定会把Gigi带去的，他把对于篮球的热爱，都倾注给了这个女儿，这样的大场面，科比一定不会让女儿错过。也许那时候，科比和詹姆斯已经成为真正的知己。詹姆斯说过，他和科比的关系刚刚进入亲密的阶段，本可以更进一步。而他的"弟子"布克，会不会在科比的注视下打得更好，帮助太阳队拿下总冠军呢？

假如科比那天坐的不是直升飞机。

也许他会再次来到中国，而我或许有机会近距离采访他。来到腾讯的这些年，我一直在努力提升自己的英语水平，为的就是有一天，可以成为科比中国行某一站的主持人，或者代表腾讯体育做一个科比的专访。

如果能够荣幸地站到科比身旁，我要对他说，在遥远的东方，一个家庭有四个科蜜，有70多岁的，有50多岁的，还有20多岁的，有老爷爷、老奶奶，有中年大叔，还有我。我还想问科比很多问题，问问他和詹姆斯的相爱相杀，问问他和瓦妮莎的爱情故事，问问他还会给哪些球员设定"挑战"。

假如科比那天坐的不是直升飞机。

他和妻子瓦妮莎一定演绎着更美的爱情故事。科比去世后，瓦妮莎通过社交媒体一次次怀念亡夫，让多少人泪流满面，而那些在瓦妮莎身上打主意的人，有多少人是想不劳而获，从科比的遗产中分一杯羹？如果科比还活着，那么这一切都不会发生，瓦妮莎不用承担丧夫失女的锥心之痛，不用承受爱情还是金钱的考验。

我想，科比会让瓦妮莎继续做一个幸福的妻子，Gigi和姐妹们会让她成为一个感恩的妈妈。上天赐给了她伟大的科比，赐给了她一段美满的姻缘，赐给了她四个听话乖巧的女儿。如果不是科比意外去世，我觉得瓦妮莎就是世界上最幸福的女人。

假如科比那天坐的不是直升飞机。

他的娱乐帝国现在肯定已经搞得风生水起。2016年4月，打完最后一场比赛宣布退役后，科比实现了最华丽的转身——进军好莱坞！不过跟其他人不同的是，科比并不出现在银幕上，也没有组建公司投资爆米花商业大片，而是以制片人的身份，和动画师格兰·基恩合作了动画片《亲爱的篮球》，结果这部动画片获得了第90届奥斯卡最佳短片奖。

看到科比在奥斯卡颁奖典礼上举起小金人，那一刻我是无比兴奋的，我为自己的偶像能在跨界后迅速取得成功而感到高兴，我期待着他的下一部动画片，甚至是他主演的第一部电影。是的，如果科比还在的话，他肯定会参演好莱坞电影，而且很可能在电影中担任主角，不管别人是否能做到，他是肯定能做到的。就算不参演电影，他也会以制片人的身份，制作更多优秀的作品出来，每年的奥斯卡领奖台上，或许我们都会看到科比的身影。

假如科比那天坐的不是直升飞机。

他的商业帝国将更加庞大，从2011年开始，科比和耐克合作推出了他的同名系列球鞋，从Kobe 7开始，这款系列球鞋后面的数字只会越来越大。但现在科比不在了，瓦妮莎和耐克也没有续约，这意味着Kobe系列球鞋已经成为绝唱，我们以后都很难再看到新款了。耐克和科比合作的这款球鞋，也将成为绝唱，被无数人珍视收藏。

如果科比还在的话，不但他和耐克合作的系列球鞋会继续做下去，他在其他方面的商业版图也会越来越大。以科比在全世界篮球迷中的影响力，不排除他打造一款完全属于自己的运动品牌，而不是跟其他任何一个品牌合作。

假如科比那天坐的不是直升飞机。

他可能又一次当父亲了，虽然已经有了四个女儿，虽然二女儿Gigi继承了他的篮球天赋，但是瓦妮莎一直想给科比生个儿子。2019

年在做客一档电视节目时,科比就说过瓦妮莎比他还着急要儿子:"我认为她比我更想要个男孩。我喜欢女儿,对于拥有四个女儿我感到非常非常兴奋,她也一样。但是她希望有一个儿子。这样他可以永远成为妈妈的宝贝男孩。"

看得出,那时候科比和瓦妮莎已经在努力"造人",希望能在生了四个女儿之后有个儿子。对于今年才39岁的瓦妮莎来说,再次生育根本不是问题,对于拥有着上亿美元财富的科比来说,多养活一个儿子也没有任何难度。因此,如果不是科比意外去世,我想他和瓦妮莎的努力可能已经有了结果,两人很可能已经迎来了一个小公子,而科比没有儿子的梗,也可以永远的烟消云散。

假如科比那天坐的不是直升飞机。

他一定会继续自己的慈善事业,职业生涯期间,科比就已经投身慈善事业,他通过各种途径帮助贫困儿童,不遗余力地为社区做出贡献。科比不但是美国全国性慈善组织全明星课后辅导协会的大使,而且还有自己的基金会——科比·布莱恩特家庭基金会。虽然科比去世后,妻子瓦妮莎一直继续着他的慈善事业,继续着他的梦想,但如果科比还在的话,他会帮助更多的贫困儿童,也会有更多的孩子从他身上汲取力量。

假如科比那天坐的不是直升飞机。

他还非常有可能来腾讯担任NBA解说嘉宾，我想这绝对不是痴人说梦。真到了那一天，我想我会激动得晚上睡不着觉，幸福得不知所以，那可比担任科比中国行某一站的主持人要幸福得多。

科比如果来腾讯担任NBA解说嘉宾，我相信他会提前好好准备，学说普通话，他是一个要强的人，虽然身边肯定会带着翻译，但他也绝对不会完全依赖翻译。他会亲自给中国数以千万计的篮球迷打招呼，给那些发誓一生追随他的粉丝送上祝福。

假如科比那天坐的不是直升飞机。

身边的朋友们，不会失去他篮球的信仰，不会在某一刻失去前行的动力。那凌晨的洛杉矶，那永不服输的曼巴精神，那一次次极限的后仰跳投，那嗜血的眼神，那一个个球迷心中的老大……这一切都还会那么的美好，不是现在这样感伤。

可惜这一切都是如果。

生命，有时候太脆弱了。当上帝想要你陪着他，想带你离开，他提前连个招呼都不跟你打。科比曾经说过："没有死何来生？我会坦然面对死亡。"

虽然科比能够坦然面对死亡，但我们却无法坦然面对他的离开，一个像神一样的传奇，当他的人生在某个时刻戛然而止的时候，我们的无力感是最真实，也是最痛苦的。

假如我的生活中没有篮球

我曾想过，如果我的生活中没有篮球，会是怎样？

那我肯定当不了篮球主持人，或许我会做其他项目的主持人，或者娱乐节目，或者综艺节目，或者其他比较轻松的节目。我觉得自己不会离开主持这个行业。因为热爱，所以我才坚持学习播音主持，因为热爱，我不会放弃成为主持人的那种成就感，所以就算没有篮球，我也会主持其他的节目。

那我可能不会来北京。我可能正身在我出生的宝鸡，也可能身在我长大的西安，一个是青铜器之都，一个是十三朝古都，我想这两个地方都能容得下我这个小小女子。当然，我也可能去其他的地方，去其他的城市，上海、广州、深圳……这些超一线大城市都曾是我梦想的地方，如果不是来北京，我也会沿着自己梦想的脚步前进。

浪漫些，大学毕业后我可能当个游吟诗人。虽然女汉子的性格让我成不了一个出色的游吟诗人，但是我喜欢旅游，喜欢四处走走的感觉，也喜欢随便写写画画，在游览祖国大好山河的时候，我内心的小女子气质可能会爆棚，成为一个不太出名、但是活得却非常快乐的游吟诗人。我也可以做一档旅游节目的主持人，借工作的机会享受旅游的快乐！

现实些，我现在可能已经结婚生子，甚至可能正在家里过着相夫教子的平凡生活。我是在一个充满父爱母爱的家庭中长大的，因此我有了孩子不会将他丢给保姆，而是要亲自照顾他，看着他一天天长大、从会翻身到会坐再到会爬，从会喊爸爸妈妈到能口若悬河地给你

讲故事。我会每天都给孩子拍照、拍视频留念，等他结婚的时候给他做一本大大的相册，我想这会是他收到的最好的结婚礼物。

　　假如我的生活中没有篮球，我难以想象我的姥爷和爸爸会过着怎样的生活。因为我对篮球的喜爱和了解，都是传承自姥爷和爸爸。如果我的生活中没有篮球，那可能姥爷和爸爸的生活中也不会有篮球，姥爷不会是篮球裁判，爸爸也不是球迷，姥姥更不会了解篮球，我们这"四人组"也不会是湖人队和科比的球迷。我知道，湖人队少了我们这四个球迷还是湖人队，但是我们的生活中如果没有了湖人队，没有了篮球，那么将是翻天覆地的变化。

假如我的生活中没有篮球，那我就不会知道科比，不会知道湖人队，更不可能知道詹姆斯、库里等这些球星。我不会为科比去世而伤心欲绝，不会为湖人队夺冠而欣喜若狂。如果我不了解篮球，当手机新闻端推送出科比和女儿遇难的消息时，我可能只是随便扫一眼，然后该干什么继续干什么，不会有那种心碎欲裂的感觉。

　　假如我的生活中没有篮球，我可能不会出这本讲述自己故事的书。从事其他行业的我，可能已经出了某一本书，甚至可能已经出了很多本书，但肯定不会有这本书的出现，不会以腾讯篮球主播的身份推出现在这本书。因为篮球，所以才有了这本书，才有了我将自己的故事讲出来的机会。

　　假如我的生活中没有篮球，我可能会少了许多快乐，少了湖人队夺冠时那种忍不住想要跑到大街上喊出来的喜悦；我也可能会少了很多痛苦，少了看到湖人队输球时那种摸不着底的失落和迷茫，更不会有看到科比和女儿飞机失事意外去世的绝望。

　　假如我的生活中没有篮球，那我也不会有现在这么多的粉丝和朋友。很多人都是通过篮球认识我、了解我，进而喜欢我的。能跟这些人因为篮球而结缘,我觉得自己既幸福又幸运,因为我们都是志同道合的人,都是因为同样的喜好而聚到了一起。如果没有篮球,那肯定就没有这一切。

假如我的生活中没有篮球,一切都将变得不确定,一切可能都是我感觉陌生的。在另外一个世界,可能就有一个生活和工作中跟篮球完全没有关系的我,那个我可能是笑傲职场的高级白领,可能是仁心仁术的白衣天使……还有很多很多种其他的可能。但我还是喜欢现在这种有篮球的生活。

我相信很多人都思考过。如果没有选择现在的职业,如果可以重来,你会做什么?

试着问询身边的朋友,但得到的答案又是那么惊人的一致。

即便重来,我也会依然选择现在所做的,所经历的。这或许就是现实吧,因为回到重来的那个节点,你现在做的事情,不就是你当时的梦吗?

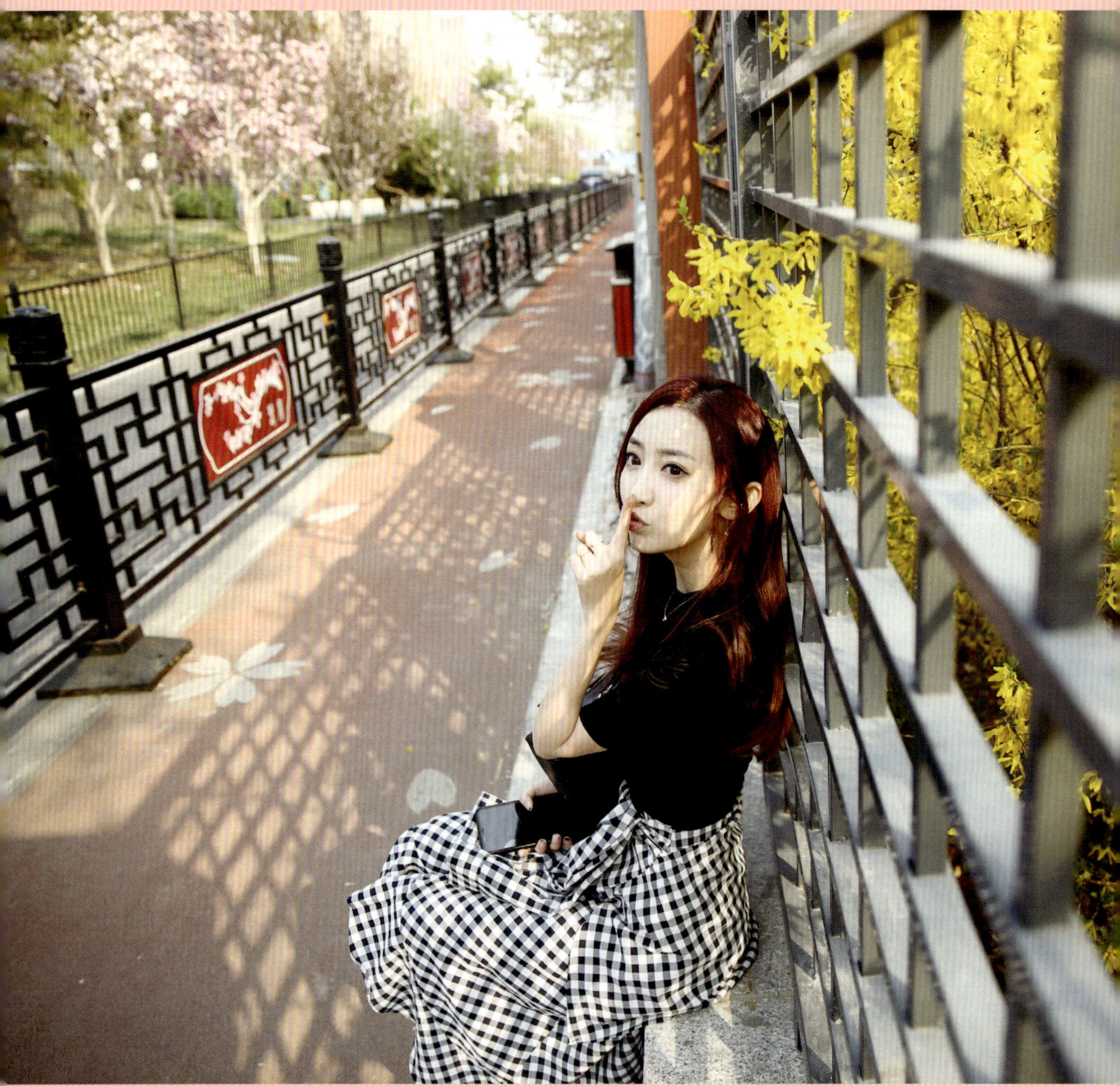

假如你正在看我的书，我想对你说

时至今日，我都不敢相信，我会有一天写一本书，还在这里侃侃而谈。我没有太多的才华，文笔一般，社会经验更是不多。但幸运的是，我因为篮球，有了一群可爱的朋友，也因为篮球，让编辑看到了我出一本书的可行性，于是就有了上面那些文字。如果你现在正在看这一本书，下面的文字，将是这本书最后的讲述。

关于亲情

　　我们无法选择我们的出身，也无法选择我们的家庭。当我小的时候，我享受着来自父母的呵护，姥爷、姥姥的宠爱。当我长大了，我想我应该报答他们，成为父母的骄傲，成为家庭的依靠。但所有父母长辈最真实的愿望，汇聚起来永远是那句通俗而又感人的话：常回家看看。

　　繁忙的生活有时确实压得我喘不过气，但家永远是我心灵的港湾。我依然记得每次回家，姥姥用方言说的那句："鸟儿，飞回来了。"

189

关于校园

当我在校园时，总是畅想未来的某一天，自己离开校园后过上无拘无束的生活。没有作业，没有考试，没有烦恼。但我错了，这世界上，没有比校园更无忧无虑的地方，没有比校园更纯洁的净土。

如果你是一名学生，好好珍惜吧。不要等到你失去，再来怀恋这岁月的美好。那里有你值得铭记的友情，那里也可能会有你刻骨铭心的爱情，那里将有你一生最珍贵的记忆。未来无论何时，校园生活永远都会是你最怀念的。

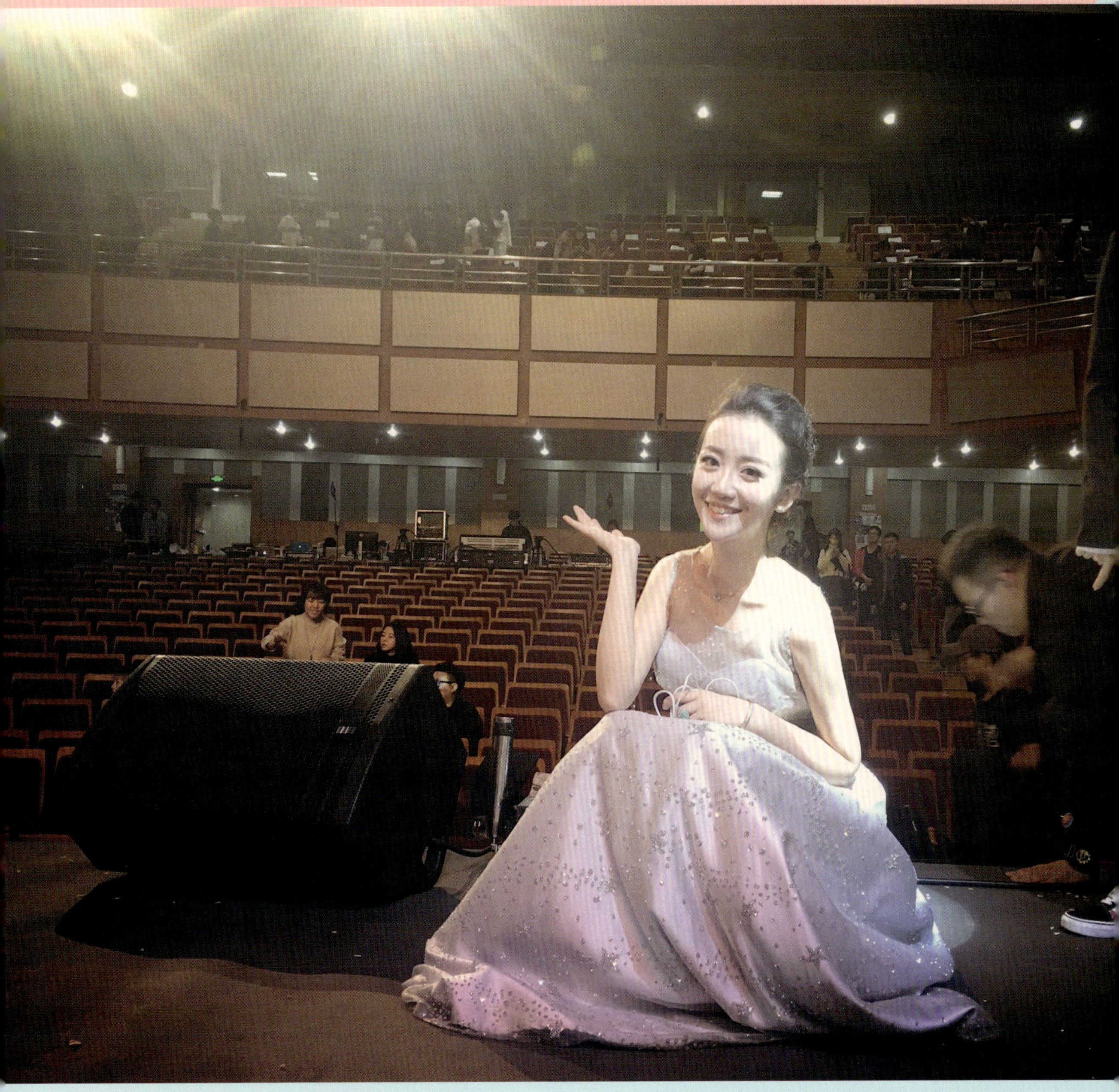

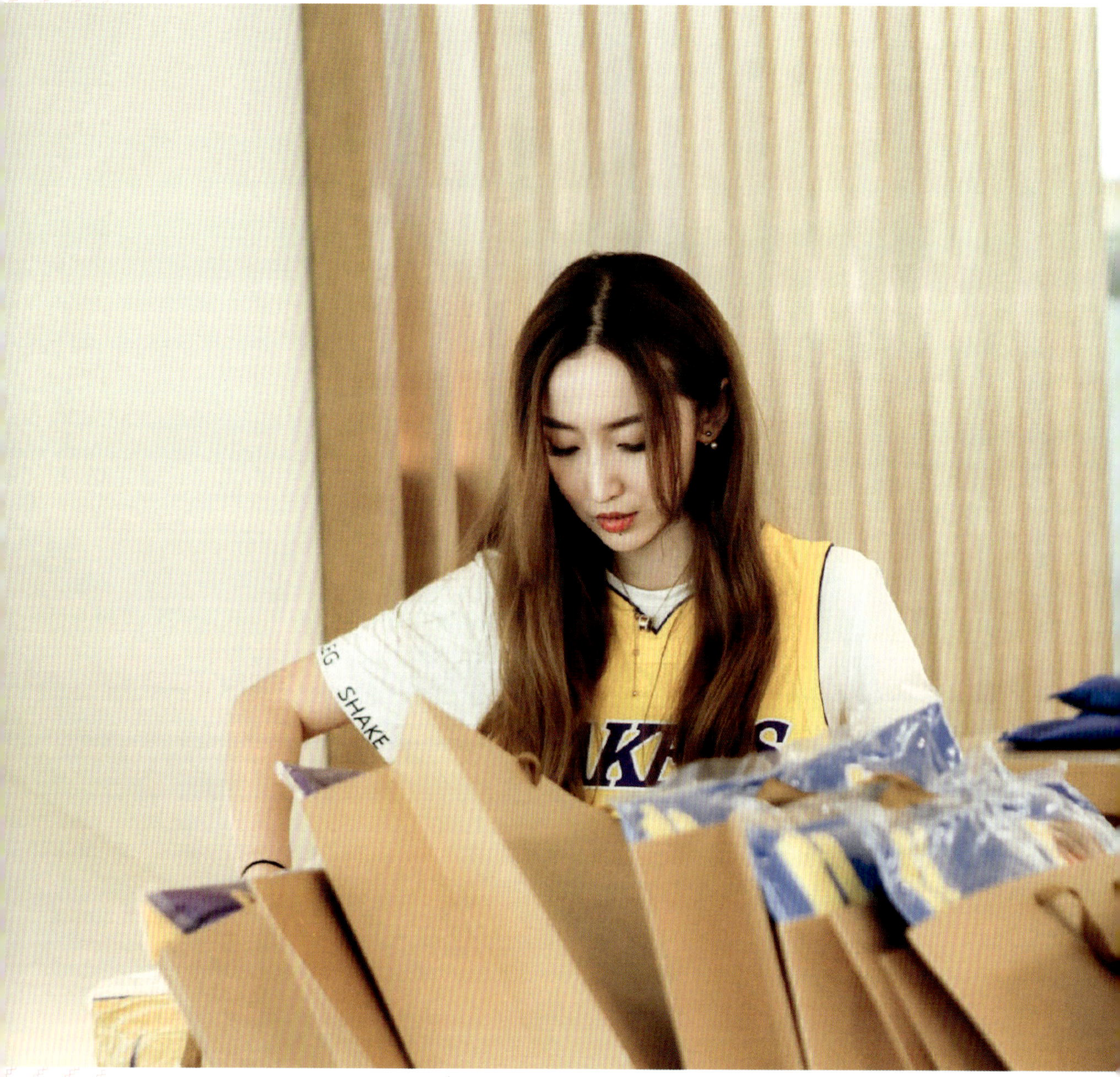
SHAKE
LAKERS

关于事业

事业两个字听起来很大很遥远，实际上很近很真实。身家以亿计、能够登上《福布斯》财富排行榜的马云和马化腾，他们做的是事业；每天过着朝九晚五、周末双休的固定生活的白领们，他们做的是事业；每天忙忙碌碌，骑着电动车给千家万户送餐的外卖小哥，他们做的是事业；每天走街串巷、推着三轮车叫卖水果、零碎用品的小摊小贩，他们做的也是事业……

虽然每个人从事的工作不同，挣的钱多少不同，但每个人都在为着自己的事业而拼搏、努力。人没有三六九等，事业更没有高下之分，做好你自己，做好自己的事业，这才是最重要的。

关于友情

　　有时候我们对待友情就像狗熊掰棒子——一路走一路扔。从幼儿园到小学，从中学到大学，再到离开校园进入社会，我们这一路可能结交了无数朋友，但是也忘却了很多朋友。幼儿园曾一起牵着手做游戏、可以慷慨地将自己的零食送给对方的小朋友，可能到了小学就已经记不起彼此的名字；大学时能够互诉衷肠、恨不得拜干姐妹的闺蜜，可能连一张你结婚的请帖都拿不到……

　　所以，我们一定要珍惜当下，珍惜身边的每一位朋友，珍惜身边的每一个人，与人为善。但我还是希望，我们的每段友情都能如恒星般永存。

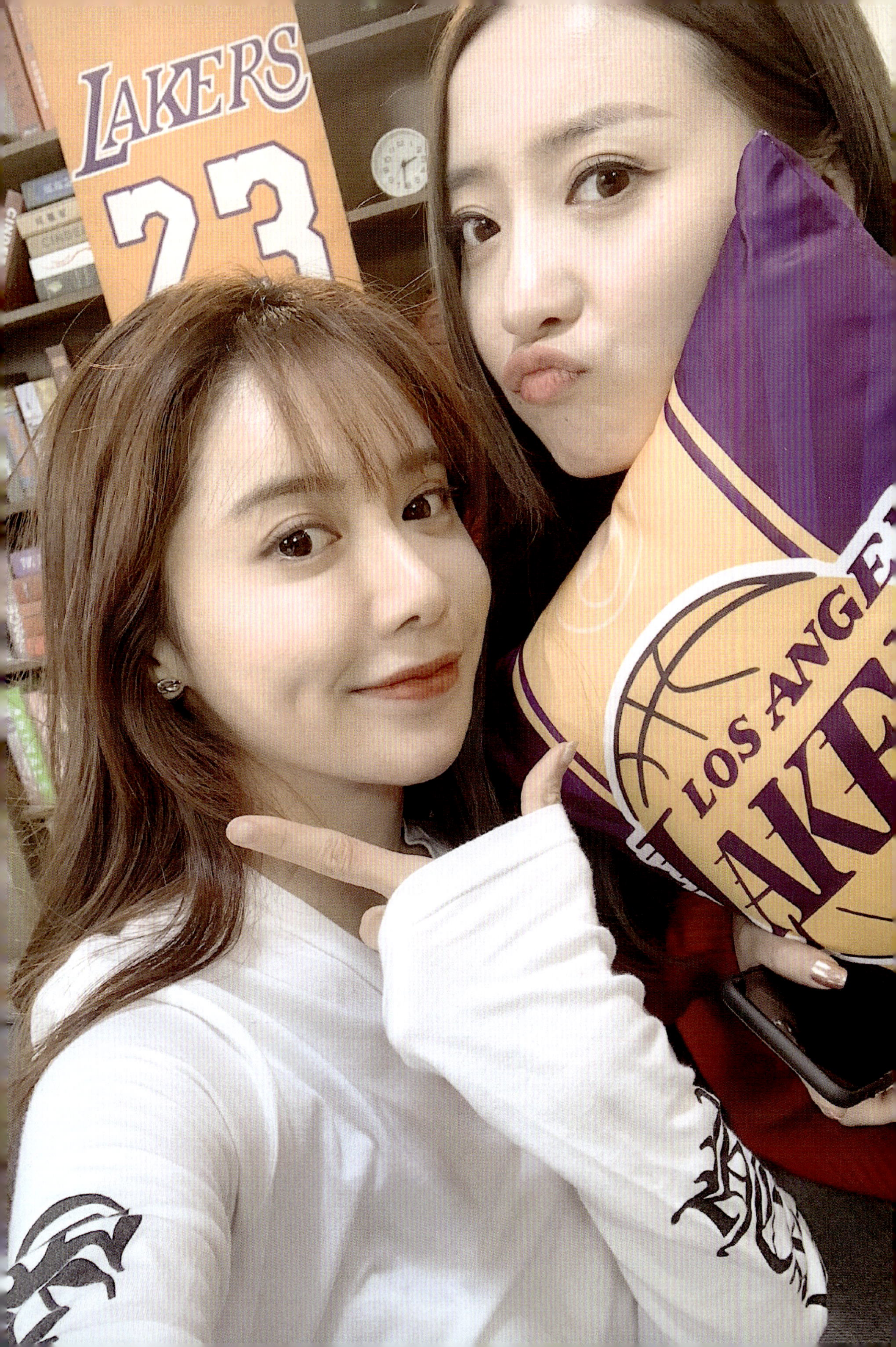
LAKERS
23

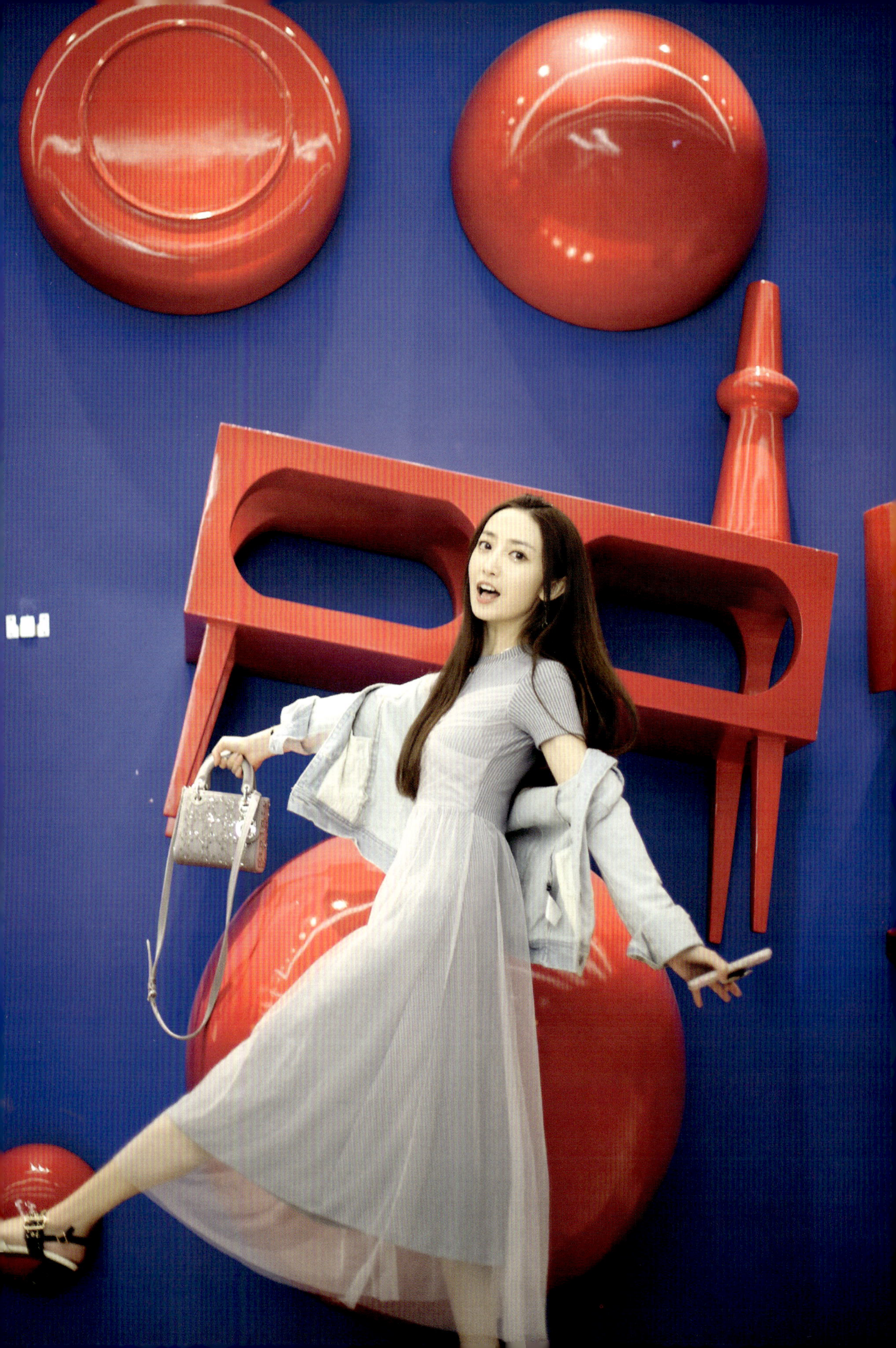

关于爱情

　　爱情可能是一刹那的心动，第一眼见面就已经耳热心跳；爱情可能是日久见人心，需要长时间的相处才能感动；爱情可能如流星般转瞬即逝，爱情也可能如钻石般永恒。当两个素不相识的个体擦出爱的火花，体验到彼此带来的快乐和幸福，那我祝贺你，祝贺你找到了爱情。很多人，可能穷其一生都在寻找爱情，但是当心动真正来临的时候，他却又会畏缩不前。

　　不要相信什么"得到了一棵树，失去了整片森林"的话，只要有一棵树愿意跟你相伴一生，那就是天底下最美好的爱情。

关于梦想

从懂事的那一天起，我们就会怀揣梦想。小时候，你的梦想可能是一颗糖，一本漫画书；上学了，你的梦想可能是兜里有零花钱，可能是放学的时候老师少留一些作业；工作了，你的梦想可能是工资够花、加班不多；成家了，你的梦想可能是孩子健康、家庭幸福；老了，你的梦想可能是身体无恙，孩子们能常回家看看……

梦想不是一辈子永远不变的，但每个人肯定都有一个超越现实的梦想，这个梦想带领着我们前进，无论疲劳还是痛苦。咸鱼都有梦想，何况我们呢？

假如你正在看我的书，我最想对你说的，就是一定要珍惜每一天的生活，珍惜身边的每一个人，珍惜你所做的每一件事情。只有珍惜，我们才能懂得感恩，才能让每一天都过得有价值。

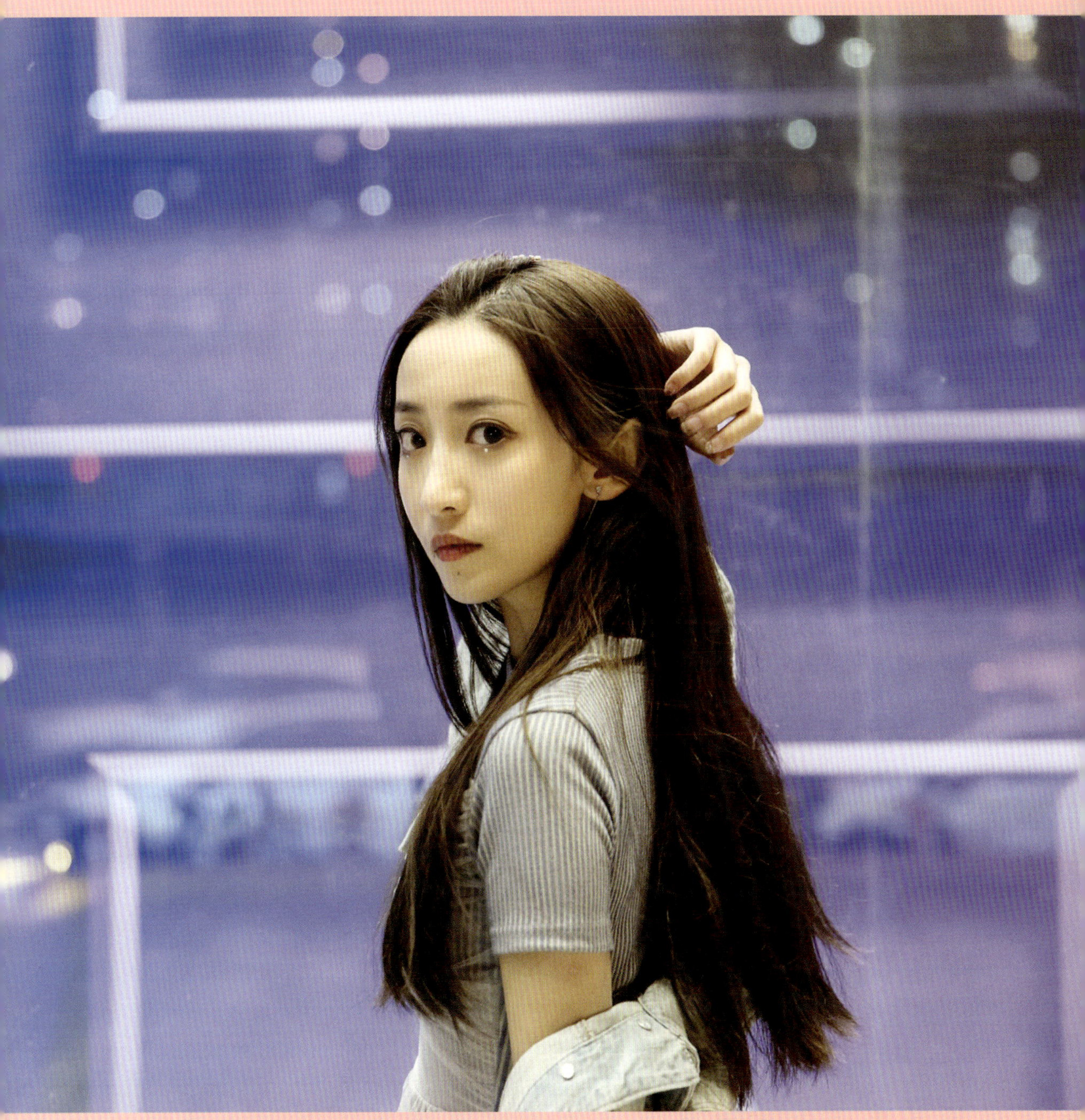

DREAM

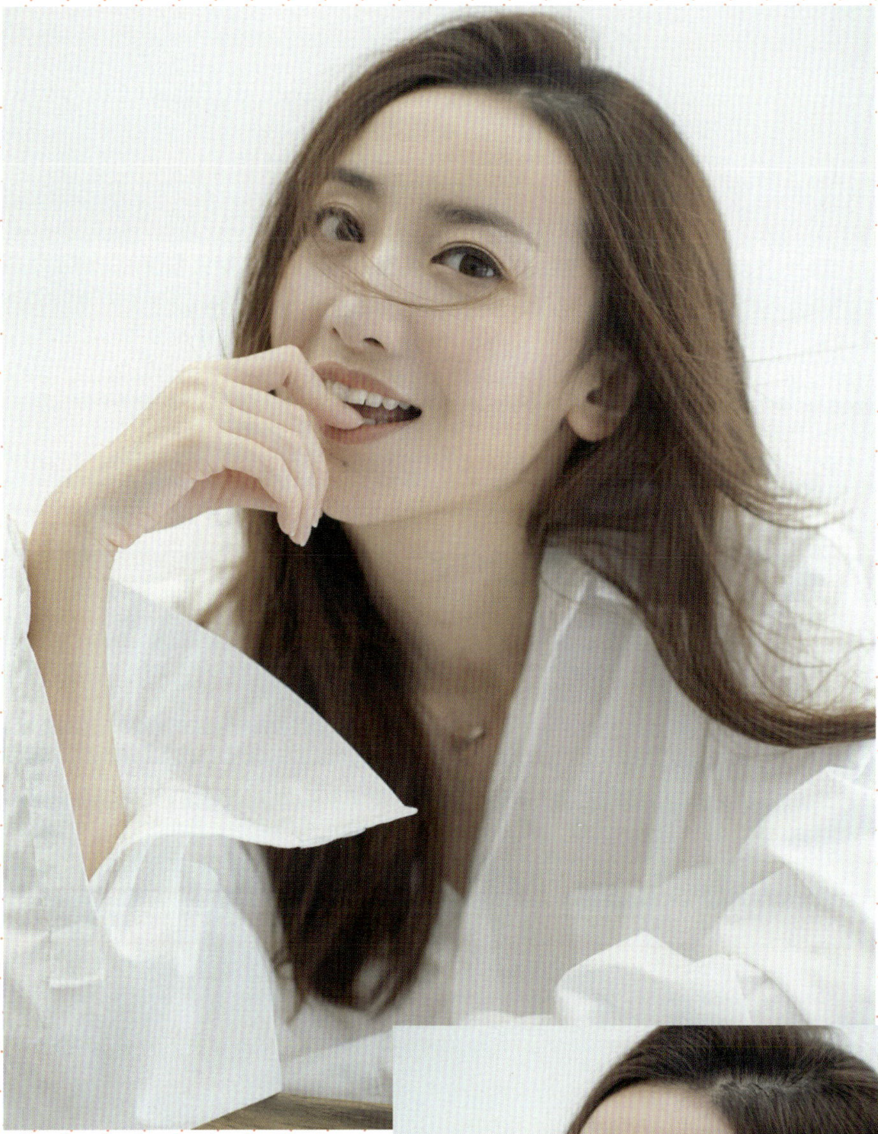

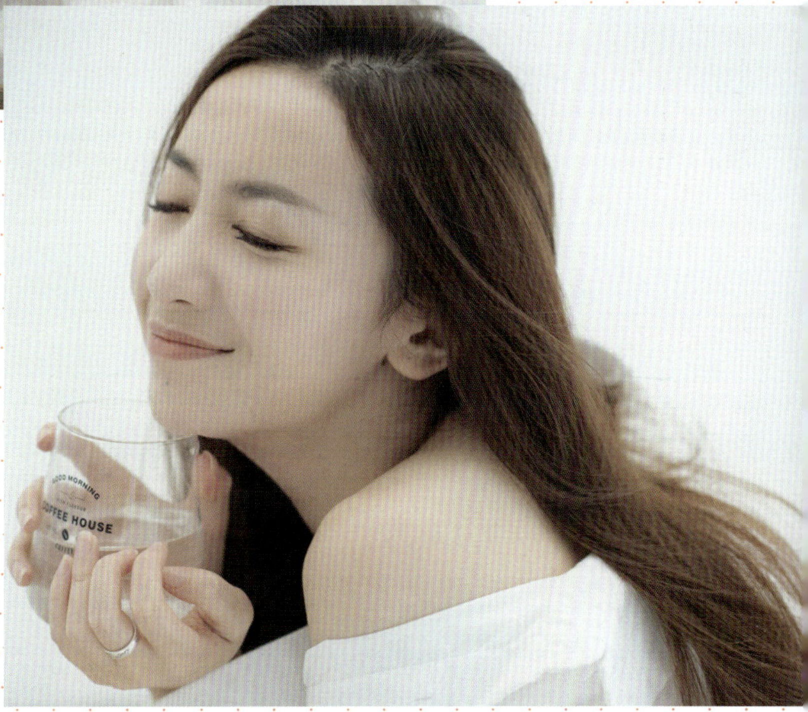
GOOD MORNING
OFFEE HOUSE

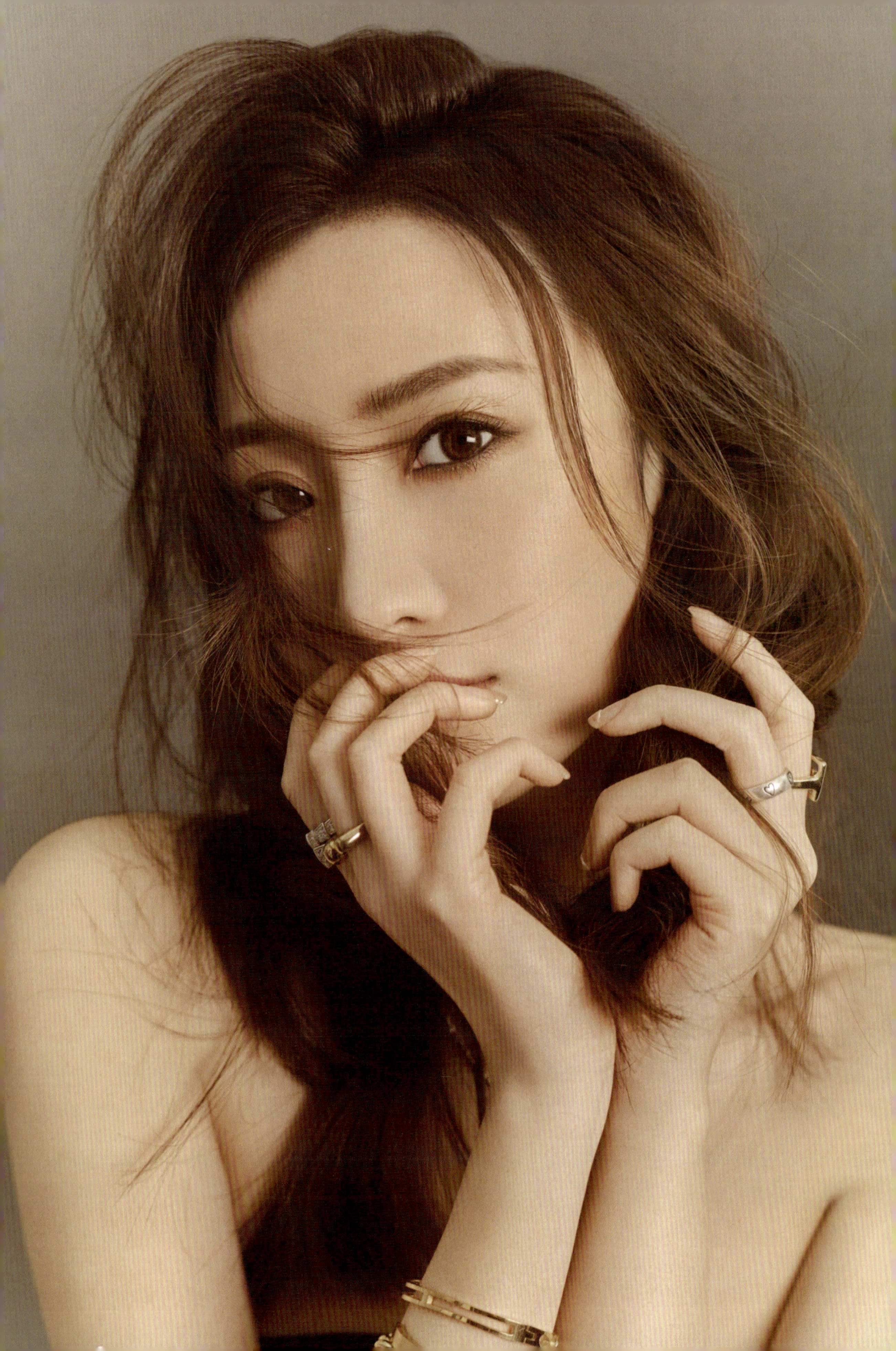

PERSIST

STRIVE

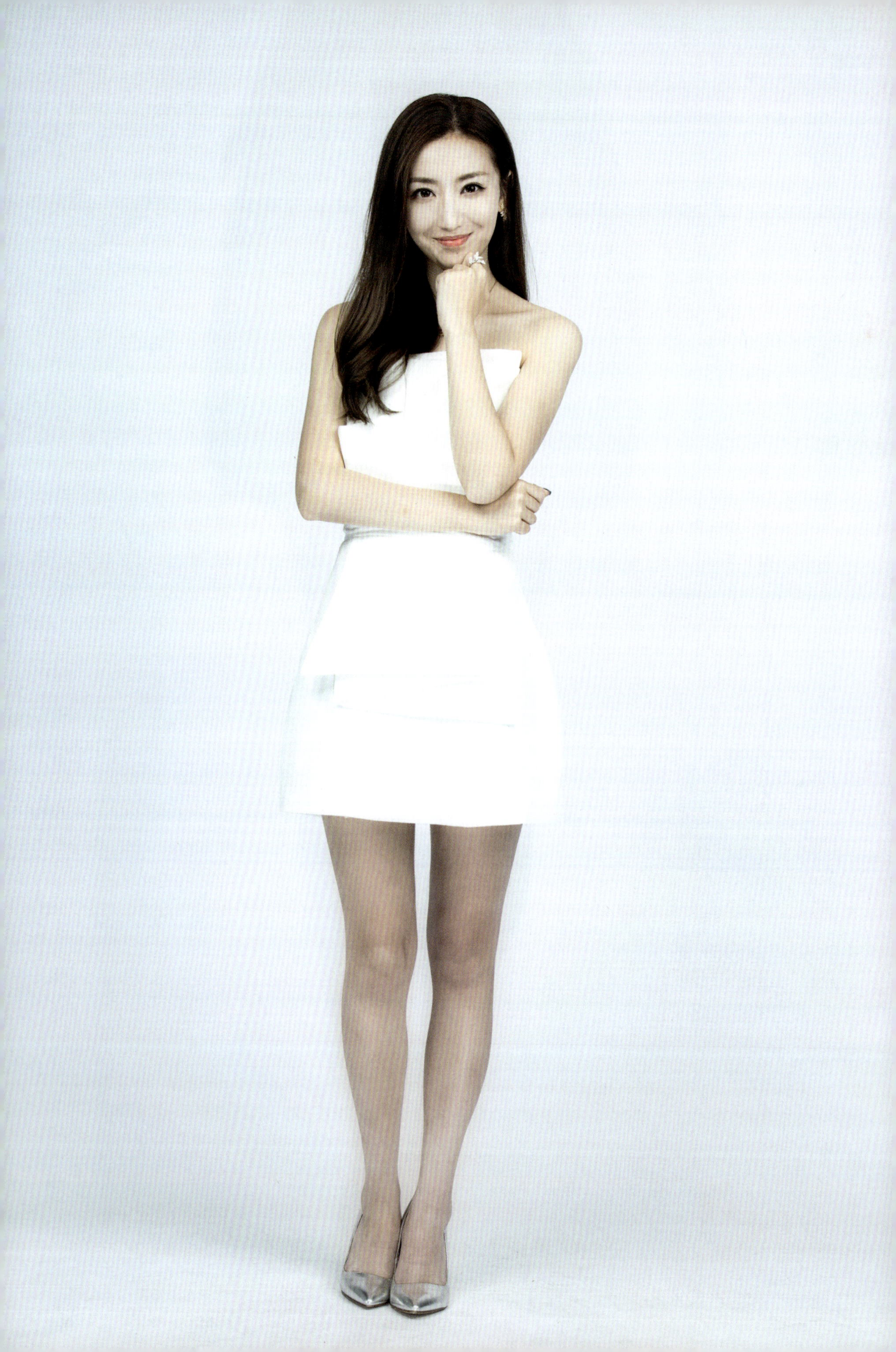

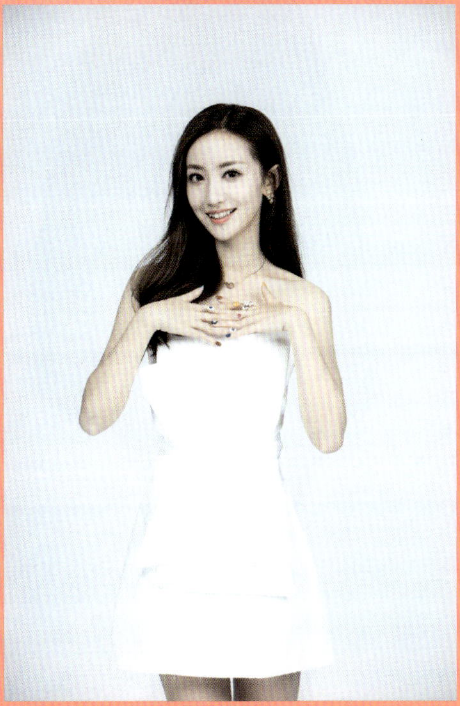
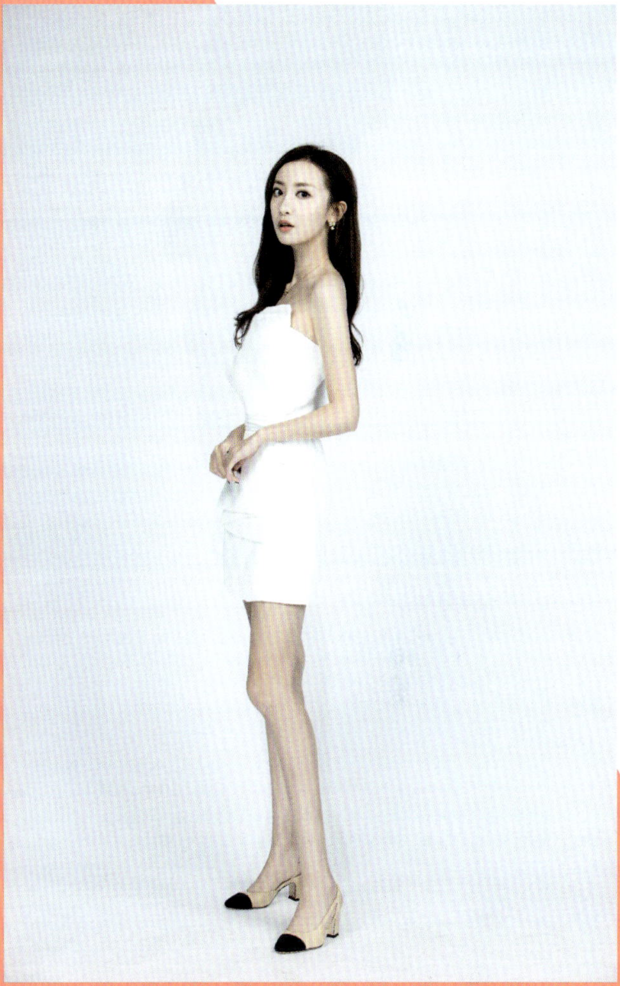
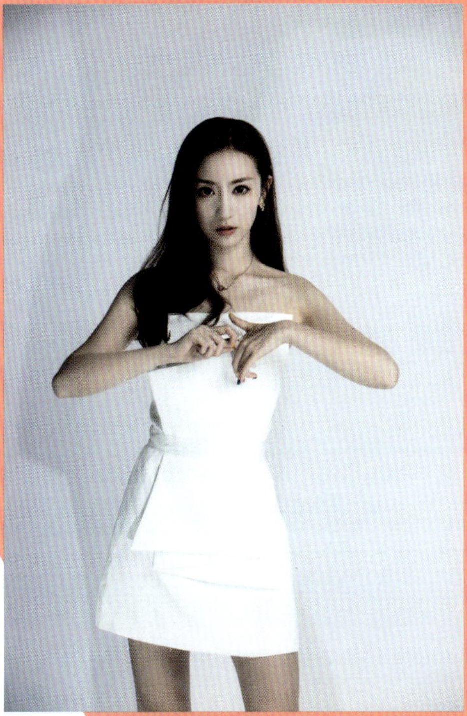

加油吧

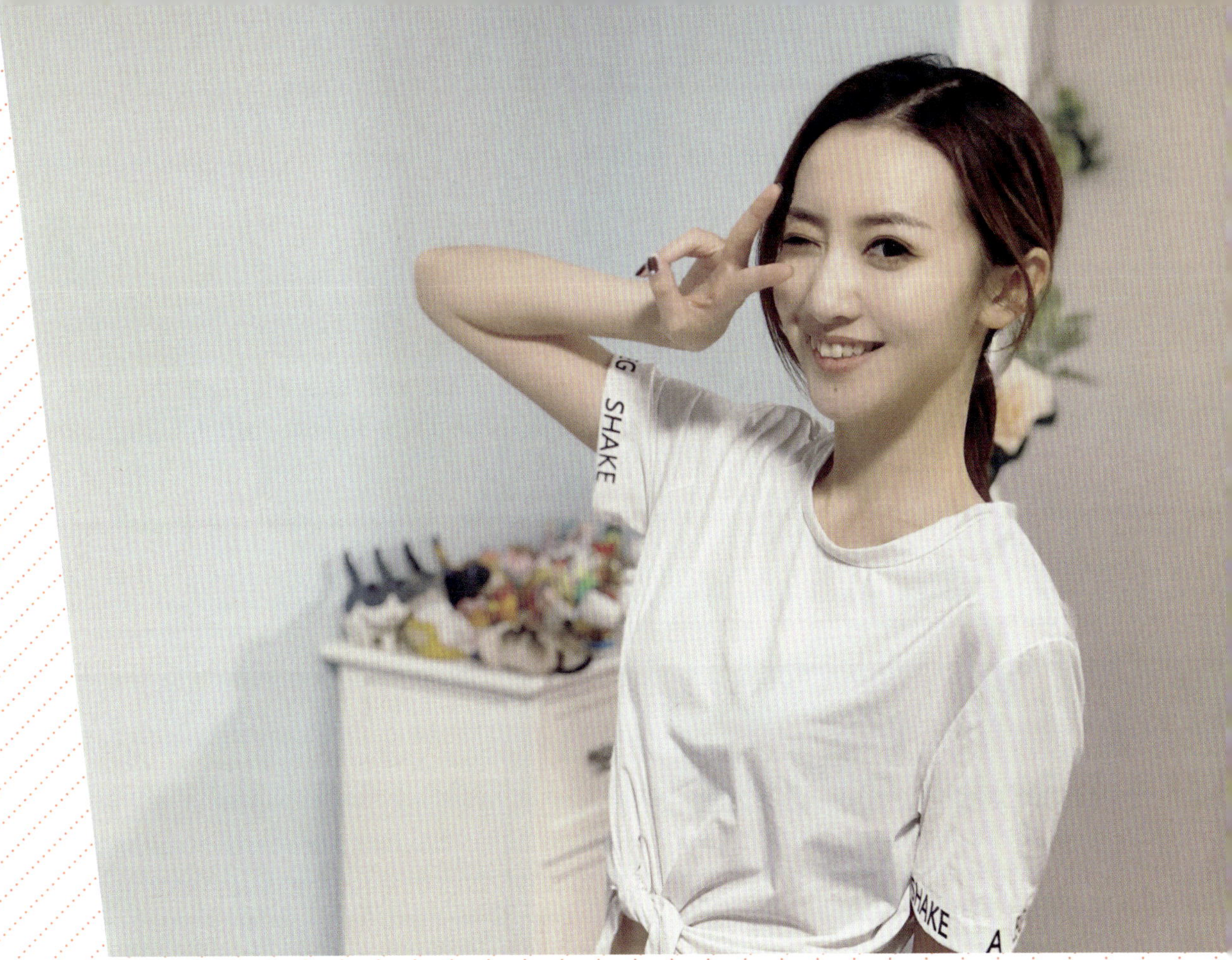
SHAKE
SHAKE A

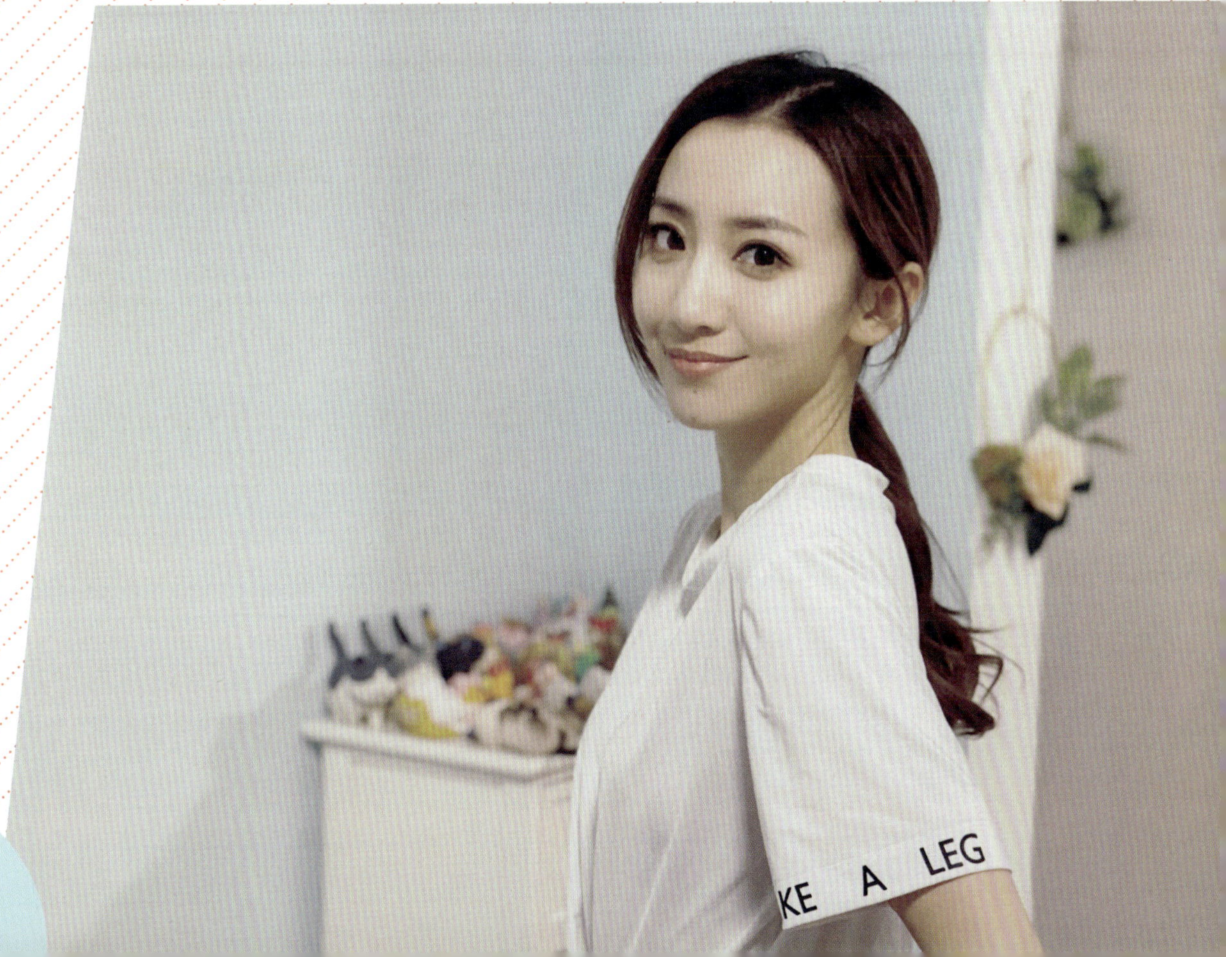
KE A LEG

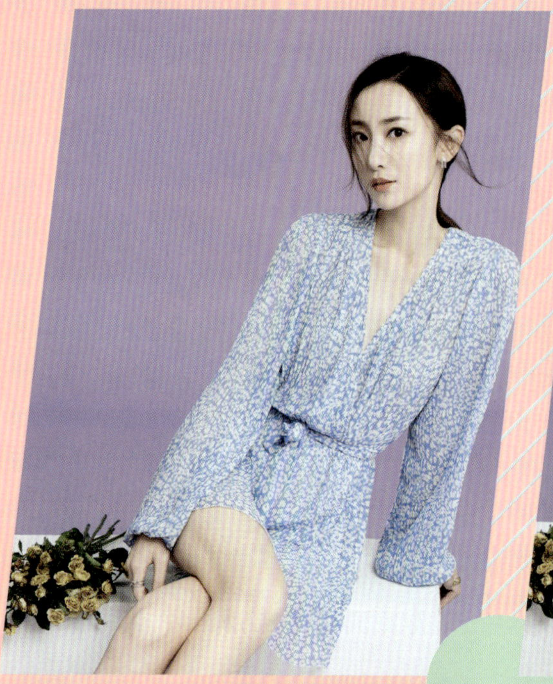
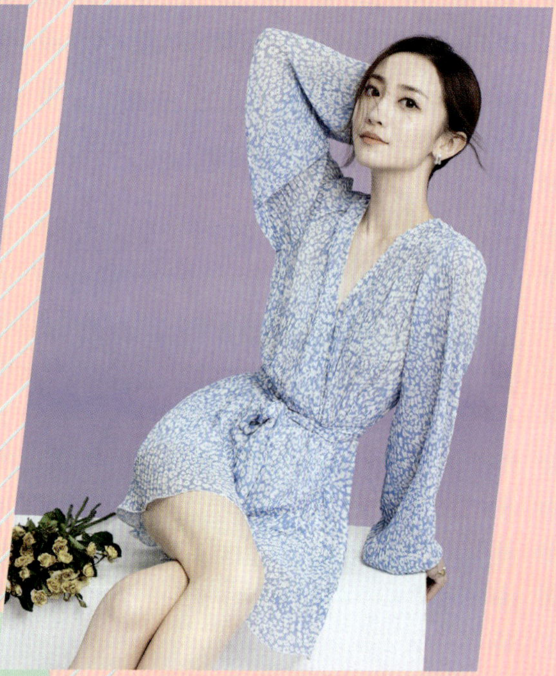
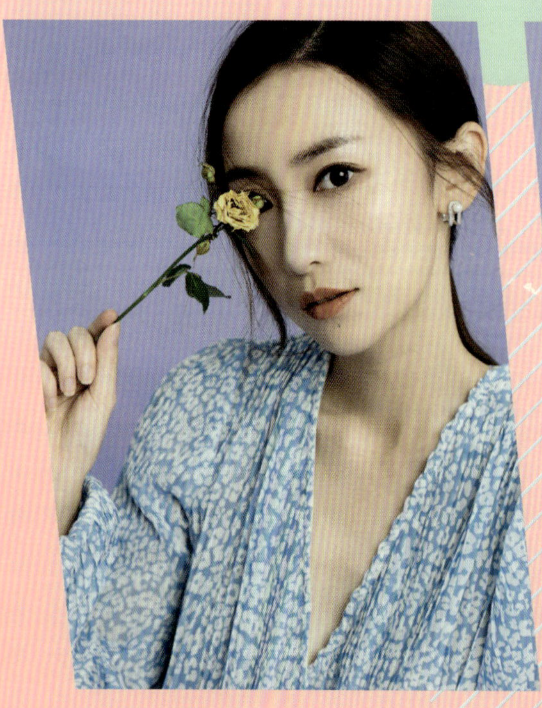
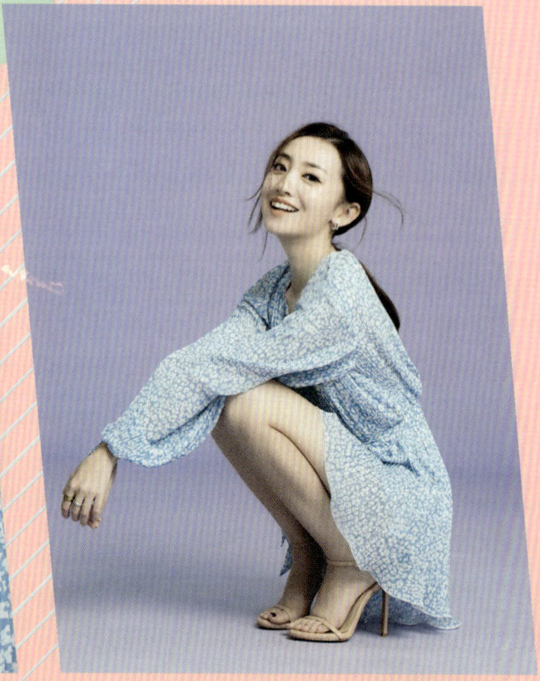

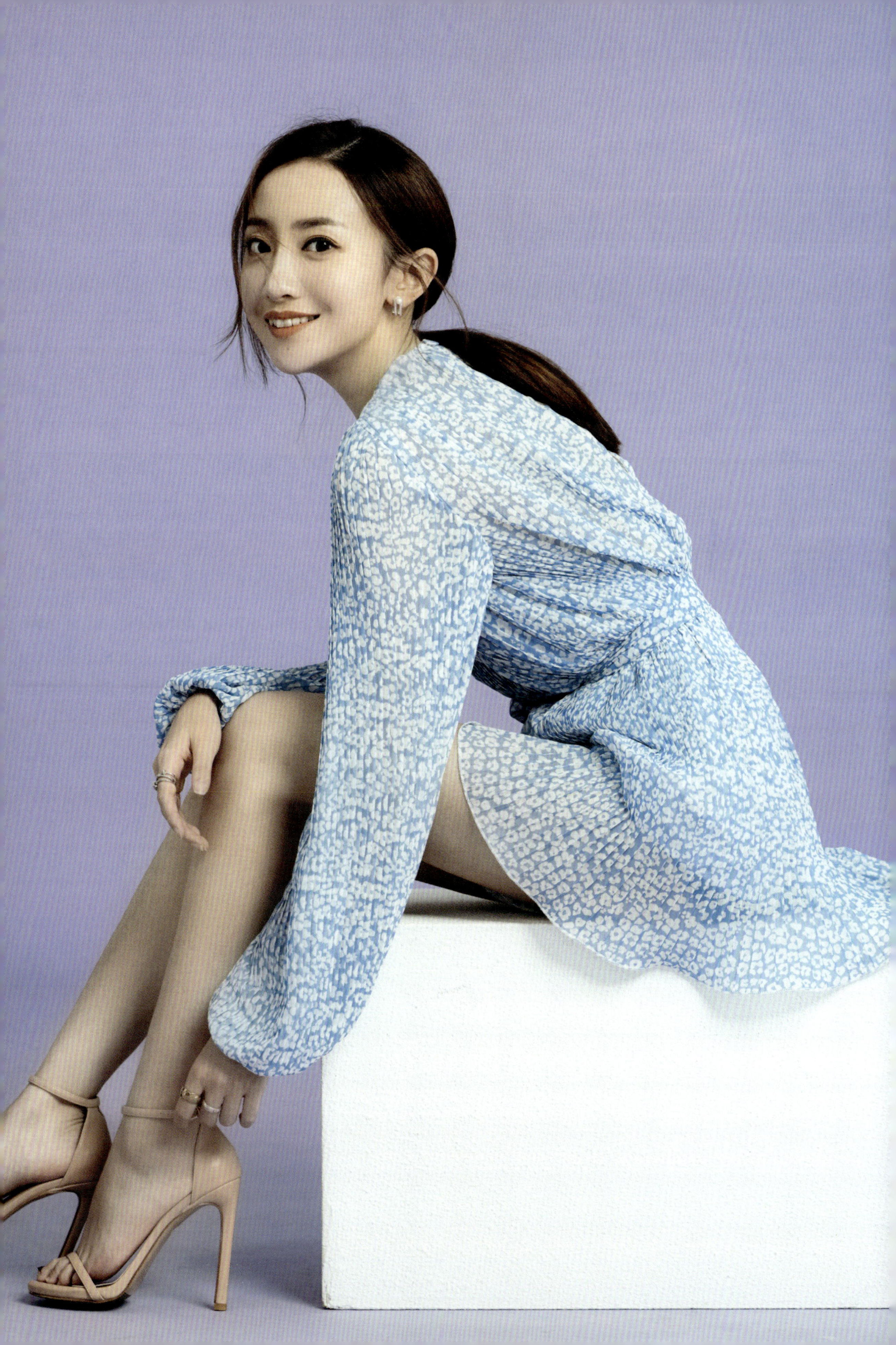

我的篮球世界

送给凯里·欧文

虽然你还从来没有拿到过总冠军戒指，但是这并不妨碍你成为传奇。2014年的男篮世界杯，你不但带领球队夺冠，而且还荣膺赛事MVP。你的球风华丽，身体素质扎实，左右手都能突破，在五年前的夺冠赛季和卫冕赛季，全联盟都曾清晰地感受到被你支配的恐惧。

送给浓眉哥（安东尼·戴维斯）

作为NBA大前锋中少有的、几乎没有弱点的球星，你有着外线三分球的投篮能力，篮下进攻威力更是无穷，而且你还有着出色的防守能力。当你加盟湖人队的时候，詹皇都心甘情愿为你让出23号球衣，这是怎样一份崇高的殊荣？

我的篮球世界

致敬迈克尔·乔丹

  我是听着你的传说和故事长大的。尽管家里都是湖人队的球迷,但"飞人"这个名字却很多次被提起;虽然不曾目睹你的辉煌,但想到你能带着公牛队驰骋纵横,就知道你是当之无愧的NBA传奇。或许"飞人"的故事已经很少被人叙说,但是你在我的心目中,永远都会占据着湖人队之外的一席之地。

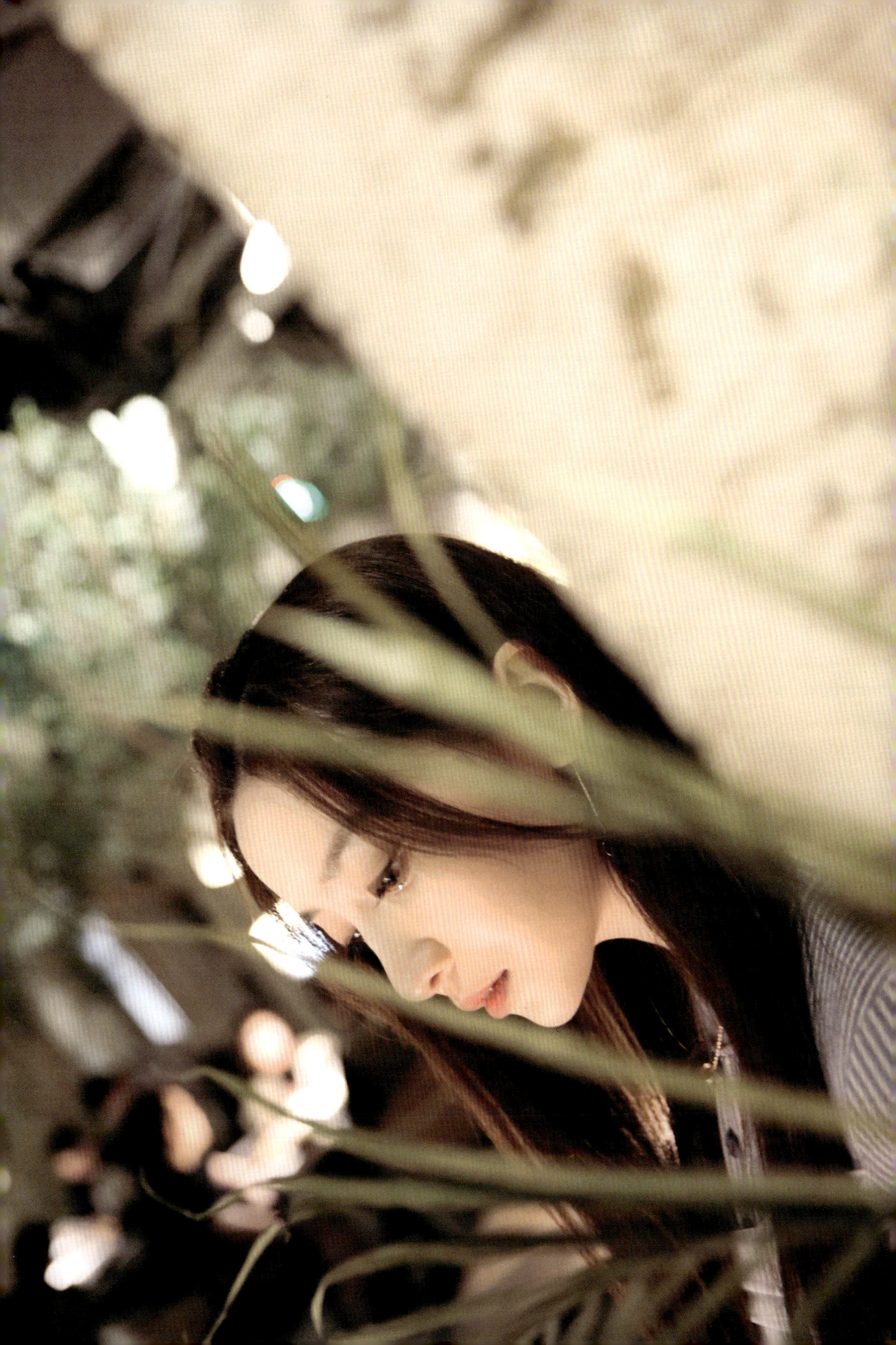

姓名：蒲佳依

籍贯：陕西省

身高：168cm

体重：45kg

年龄：25 岁

星座：白羊座

毕业院校：中国传媒大学

爱好：唱歌，干饭

最喜欢的篮球明星：科比·布莱恩特

最喜欢的篮球球队：湖人队

最喜欢的颜色：黑，白，灰

最喜欢的食物：擀面皮

最喜欢的饮品：果茶

最喜欢的游戏：消消乐

最喜欢的歌曲：《晴天》

最喜欢的影视作品：所有恐怖片

口头禅：actually

人生格言：彪悍的人生不需要解释

最想实现的愿望：开一家擀面皮店

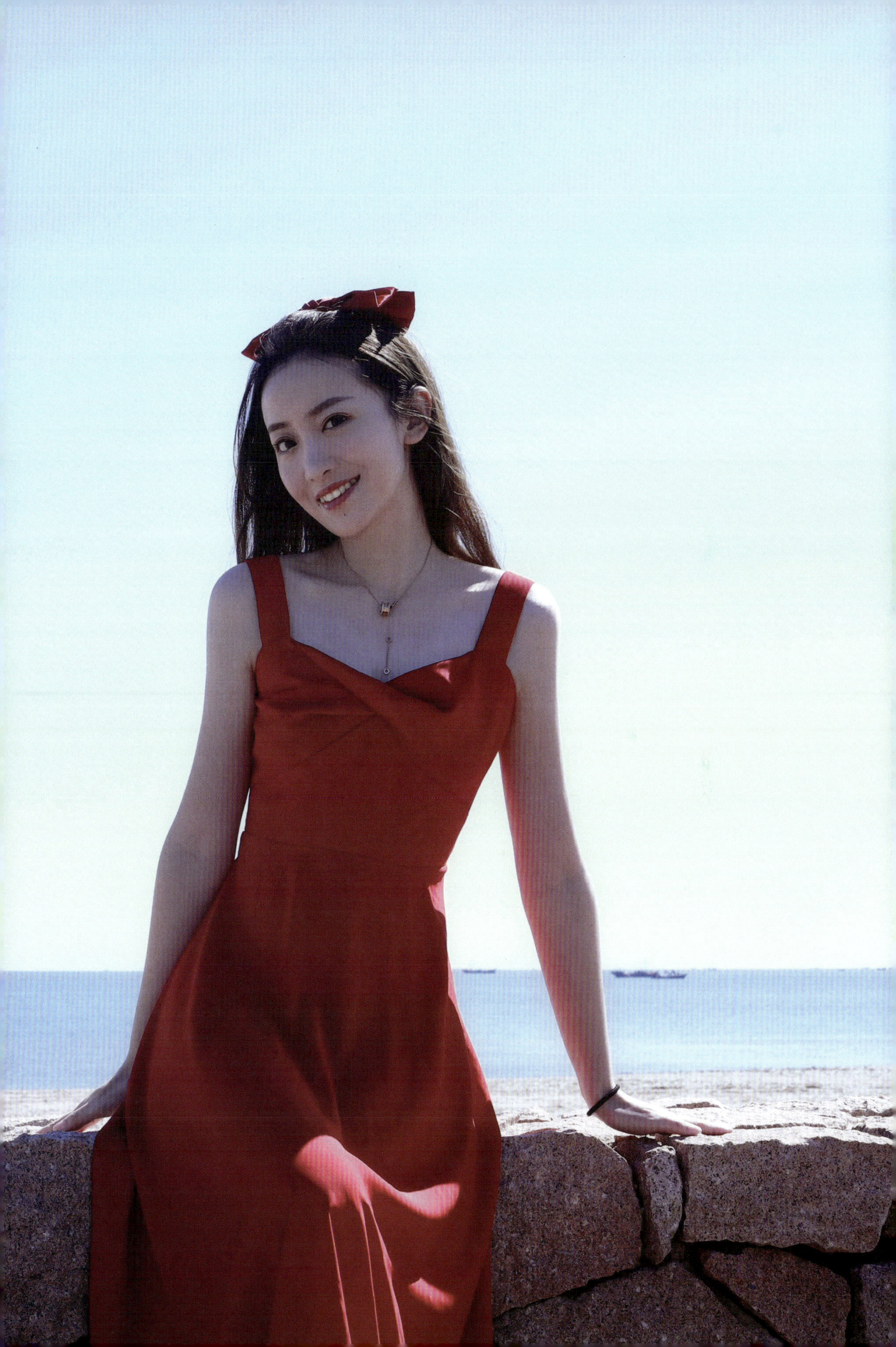

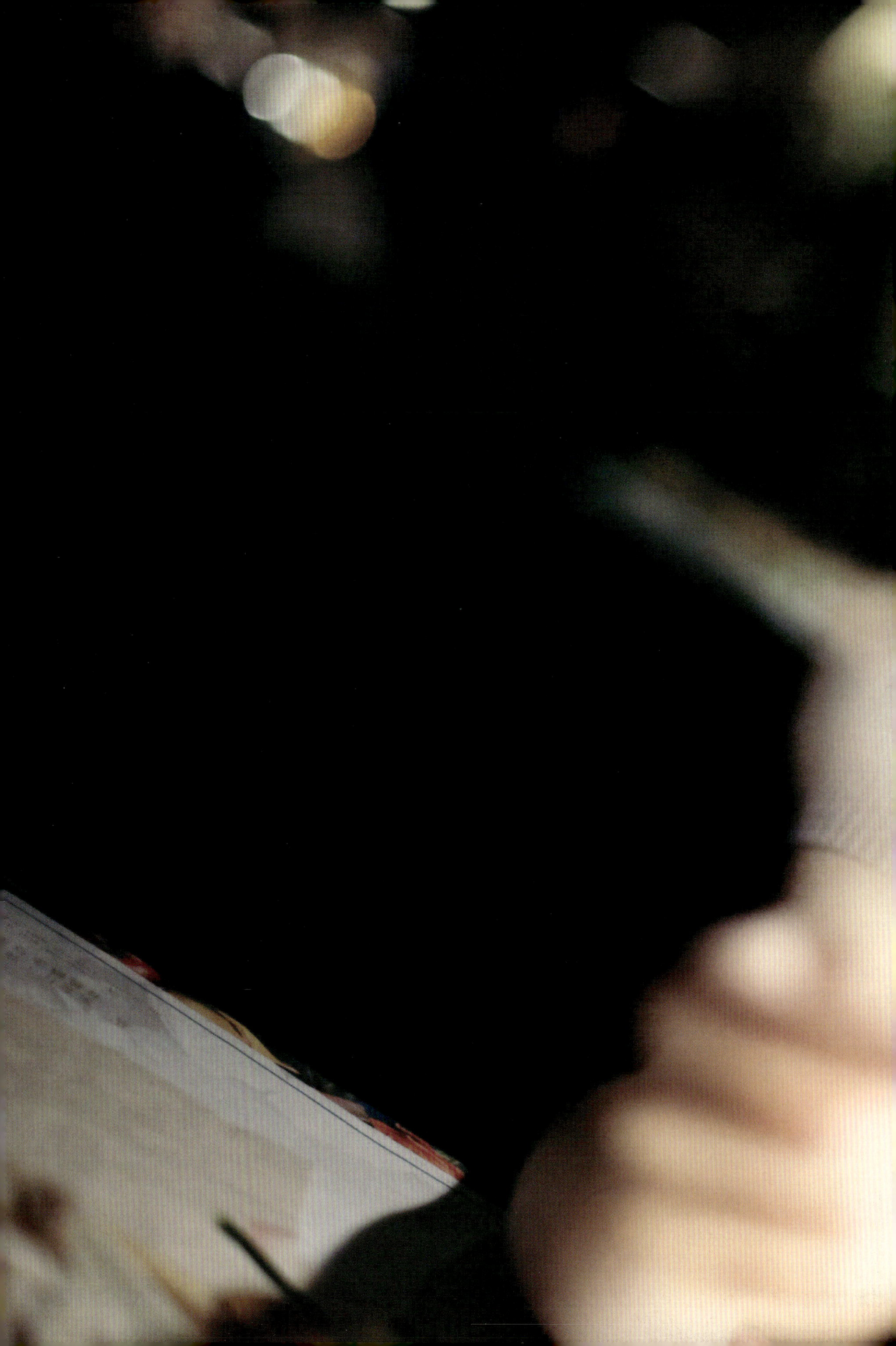

图书在版编目（CIP）数据

所谓依人 / 蒲佳依著 . -- 北京：北京时代华文书局，2021.11
ISBN 978-7-5699-3662-9

Ⅰ . ①所… Ⅱ . ①蒲… Ⅲ . ①蒲佳依－自传 Ⅳ . ① K825.42

中国版本图书馆 CIP 数据核字 (2021) 第 226171 号

所谓依人
SUOWEI YI REN

著　　　者	蒲佳依
出 版 人	陈　涛
选题策划	董振伟　直笔体育
责任编辑	周连杰
执行编辑	王　昭　马彰羚
责任校对	凤宝莲
装帧设计	程　慧　迟　稳
责任印制	訾　敬

出版发行	北京时代华文书局 http://www.bjsdsj.com.cn
	北京市东城区安定门外大街 138 号皇城国际大厦 A 座 8 楼
	邮编：100011　电话：010 - 64267955　64267677
印　　刷	小森印刷（北京）有限公司 010 - 80215073
	（如发现印装质量问题，请与印刷厂联系调换）
开　　本	787 mm×1092 mm　1/16　　印　张 ｜ 15　　字　数 ｜ 197 千字
版　　次	2021 年 11 月第 1 版　　印　次 ｜ 2021 年 11 月第 1 次印刷
书　　号	ISBN 978-7-5699-3662-9
定　　价	118.00 元

版权所有，侵权必究